HISTÓRIAS de GUERRAS e BATALHAS
VERDADES REVELADAS

HISTÓRIAS de GUERRAS e BATALHAS
VERDADES REVELADAS

Desmistificando lendas, mitos e segredos que foram passados como verdades através dos tempos

William Weir
Autor de *50 Batalhas que Mudaram o Mundo*

m.Books
M.Books do Brasil Editora Ltda.

Rua Jorge Americano, 61 - Alto da Lapa
05083-130 - São Paulo - SP - Telefones: (11) 3645-0409/(11) 3645-0410
Fax: (11) 3832-0335 - e-mail: vendas@mbooks.com.br
www.mbooks.com.br

Dados de Catalogação na Publicação

Weir, William – Histórias de Guerras e Batalhas – Verdades Reveladas Desmistificando lendas, mitos e segredos que foram passados como verdades através dos tempos

2013 – São Paulo – M.Books do Brasil Editora Ltda.

ISBN: 978-85-7680-194-8

1. História Geral   2. História Mundial

Do original: Secrets of Warfare – Exposing the myths and hidden history of weapons and battles
Original publicado por The Career Press
ISBN: 978-1-60163-155-8

© 2011 William Weir
© 2013 M.Books do Brasil Editora Ltda.

Editor: Milton Mira de Assumpção Filho
Tradução: Maria Beatriz de Medina
Produção Editorial: Beatriz Simões Araújo
Coordenação Gráfica: Silas Camargo
Editoração: Crontec

2013
M.Books do Brasil Editora Ltda.
Proibida a reprodução total ou parcial.
Os infratores serão punidos na forma da lei.
Direitos exclusivos cedidos à
M.Books do Brasil Editora Ltda.

Para William,
do Vovô

Agradecimentos

Como não tenho idade suficiente para ter conversado com Tucídides ou Henrique V (embora às vezes sinta que tenho), precisei confiar em muitíssimos autores, de Xenofonte a John Keegan. Todas essas são fontes de muito valor; você encontrará os nomes na Bibliografia.

Duas autoridades modernas não incluídas na lista de livros também foram muito úteis. Uma é o meu amigo e vizinho, John White, de Cheshire, no estado Americano de Connecticut, que, como oficial da Marinha durante a Guerra do Vietnã, foi um dos primeiros a questionar se o suposto segundo ataque aos navios americanos no golfo de Tonkin chegou a ocorrer.

A outra é o falecido Joseph E. Smith, do Comando de Equipamento Militar do exército americano, que explicou por que os moros filipinos, apesar do papel pequeno na Guerra Filipino-Americana, foram tão mencionados como nossos únicos inimigos naquele conflito. (Resumidamente: os moros eram apavorantes. O pai de Smith foi soldado na região deles depois que a guerra principal terminou. Naquela época, os moros costumavam fazer um juramento individual de matar infiéis. Alimentados por drogas e fanatismo religioso, era difícil conter os muçulmanos filipinos. O velho Smith viu um moro juramentado [em espanhol, "que fez um juramento"] matar vários cristãos americanos e filipinos, muito embora tivesse sido atingido 30 vezes por uma espingarda calibre 12, um fuzil calibre .45-70 e outro de calibre .30-06.)

Sumário

Agradecimentos 7

Introdução 13

Mito nº 1   A Superioridade Militar Ocidental Data da Antiguidade 15

Mito nº 2   Os Antigos Gregos se Recusavam a Usar Flechas Envenenadas 25

Mito nº 3   A Cavalaria Dominou os Campos de Batalha da Idade Média 29

Mito nº 4   A Armadura de Chapa era Pesadíssima 37

Mito nº 5   O Arco Longo Inglês era uma Arma Fenomenal ... 41

Mito nº 6   Os Maiores Canhões do Mundo Venceram Constantinopla 51

Mito nº 7   As Armas de Fogo Tornaram a Armadura Obsoleta 57

Mito nº 8   O *Monitor* e o *Merrimack* Travaram o Primeiro Duelo de Navios Blindados 63

Mito nº 9	Quando a Guerra de Independência Americana Começou, os Colonos se Dividiram em Três Grupos	73
Mito nº 10	O Fuzil Longo Americano era o Melhor do Mundo	79
Mito nº 11	Na Guerra de Independência, os Soldados Americanos Raramente Lutavam sob Cobertura	87
Mito nº 12	Na Guerra de Secessão Americana Ocorreu o Primeiro Uso de Submarinos	97
Mito nº 13	Em Yorktown, a Banda de Música Britânica Tocou "The World Turned Upside Down"	103
Mito nº 14	Na Guerra de Secessão, os Soldados do Norte Sempre foram mais Numerosos que os do Sul	107
Mito nº 15	As Únicas Aeronaves da Guerra de Secessão Foram Balões Ancorados	115
Mito nº 16	A Última Defesa de Custer foi a Última porque os Índios Tinham Armas de Repetição	123
Mito nº 17	As Guerras Latino-Americanas nunca foram Sérias	129
Mito nº 18	A Pistola Automática .45 Ajudou a Derrotar as Filipinas	139
Mito nº 19	A Baioneta é Indispensável	147
Mito nº 20	Os Tanques Alemães eram Invencíveis	153
Mito nº 21	O Anspeçada Hitler era um Idiota Militar	159

Sumário

Mito nº 22	Os Mísseis Nucleares são a Arma Suprema	165
Mito nº 23	Douglas Macarthur foi o Maior Herói Militar Americano	173
Mito nº 24	Em 1948, Harry Truman Acabou Com a Segregação Racial nas Forças Armadas	191
Mito nº 25	Não houve Guerra na Coreia depois de Iniciadas as Conversações de Paz	195
Mito nº 26	Dwight Eisenhower Deu Fim à Guerra da Coreia	199
Mito nº 27	A Maioria dos Soldados do Vietnã era de Minorias	203
Mito nº 28	Houve Dois Ataques a Navios Americanos no Golfo de Tonkin	209
Mito nº 29	Khe Sanh Sobreviveu a um Cerco Terrível	215

Notas 223
Bibliografia 231
Índice Remissivo 237
Sobre o autor 245

Introdução

Há algumas coisas que a maioria das pessoas razoavelmente instruídas sabe quase desde sempre. Por exemplo, sabemos que o Monitor e o Virgínia (antigo Merrimack) não foram os primeiros navios blindados construídos. O primeiro era francês e o segundo, britânico.

Achamos que sabemos esse tipo de coisa, mas não sabemos.

A primeira batalha entre navios blindados aconteceu em 1592 e foi travada em águas coreanas, não americanas. E envolveu dois dos líderes mais extraordinários da história, um coreano e outro japonês.

Ouvimos falar que o "ciclo da cavalaria" começou quando lanceiros montados godos aniquilaram um exército romano em 378 d.C. E nos contaram que, a partir daí até os séculos XIV e início do XV, quando os arqueiros ingleses fizeram em pedacinhos três exércitos de cavaleiros franceses, o cavaleiro de armadura dominou o campo de batalha.

Não nos contaram que, em 1066, reles infantes transformaram Guilherme, o Bastardo, em Guilherme, o Conquistador, nem que os franceses conseguiram vencer a

Guerra dos Cem Anos muito embora os ingleses, e não os franceses, é que tivessem arcos longos.

Mas nem todos os mitos militares dizem respeito a fatos do passado indistinto, obscuro, antigo e medieval. Alguns gostariam que acreditássemos que apenas um terço dos colonos americanos era favorável à independência, enquanto um terço preferia a monarquia e outro terço era neutro. Não explicam por que, com poucas exceções, todas as milícias eram favoráveis à independência nem o que motivava os relativamente poucos Tories do outro lado. Não era a afeição pelo rei Jorge.

Vamos nos adiantar até uma época da qual, hoje, muitos de nós conseguem se lembrar. Hoje, muitos americanos estão convencidos de que o general Douglas MacArthur foi o maior herói militar americano do século XX. Mas muitos (como o autor) que serviram na Guerra da Coreia não estão convencidos. Os veteranos da Guerra do Vietnã também não se convencem de muitos mitos sobre a sua guerra que recebem bastante crédito.

Nos primeiros anos da Segunda Guerra Mundial, ouvimos falar do poder dos tanques alemães, e que os aliados não tinham blindagem que se comparasse à deles. E sabemos que os dois ataques com bombas nucleares a Hiroshima e Nagasaki foram os mais letais da história. Isso também não é verdade.

Em muitos casos, a verdade realmente é mais estranha do que a ficção. Por exemplo, o que poderia ser mais estranho do que o misterioso dirigível de alta velocidade que um médico respeitado de Nova Jersey inventou durante a Guerra de Secessão? Mas mais estranho ainda é o fato de que o governo o rejeitou enquanto os soldados confederados estavam instalados nos subúrbios de Washington.

Na "história" militar há muitos mitos. Eis aqui alguns deles, juntamente com a verdade e, quando conhecidos, os motivos dos seus criadores.

Mito nº 1
A Superioridade Militar Ocidental Data da Antiguidade

Geoffrey Parker, editor da *Cambridge Illustrated History of Warfare* [História Ilustrada da Guerra], é um dos mais destacados proponentes deste mito. Ele lista várias tradições militares ocidentais que levaram à dominação europeia do mundo. Entre elas, tecnologia e disciplina superiores, sendo a disciplina a mais importante. "A vantagem tecnológica, contudo, raramente foi suficiente por si só para assegurar a vitória", diz ele[1]. A implacabilidade é outro fator importante da ascensão do Ocidente, de acordo com Parker. "A meta geral da estratégia ocidental, seja na batalha, seja no sítio ou no atrito, quase sempre foi a derrota e destruição total do inimigo, e isso contrastava bastante com a prática militar de muitas outras sociedades."[2] Parker compara as metas dos colonos da Nova Inglaterra com as dos índios narragansetts, que desaprovavam com todo o vigor o modo como os colonos lutavam: "Foi furioso demais", contou um bravo a um capitão inglês em 1638, "e mata homens demais". O capitão não negou: os índios, especulou, "podem lutar sete anos e não matar sete homens"[3].

E é verdade. Os colonos da Nova Inglaterra eram muito mais implacáveis do que os americanos nativos, seus vizinhos. (Também eram muito mais implacáveis do que os colegas europeus da Espanha. Basta comparar o percentual da população americana que tem sangue nativo com o do México.) Para os "índios" da América do Norte, a guerra era uma oportunidade de demonstrar bravura. Um homem obtinha muito mais honra ao tocar o inimigo com a mão do que ao matá-lo com uma flecha ou arma de fogo. Nas sociedades tecnologicamente mais avançadas da atual América Latina, os americanos nativos lutavam para obter cativos para sacrificar aos deuses, e não para aniquilar os inimigos.

Só que a maioria dos não europeus não era de americanos nativos. Se é para falar de implacabilidade, poucos europeus se igualariam a Gêngis Khan ou Tamerlão. E será que os europeus costumavam triunfar sobre inimigos não europeus mais numerosos quando ambos os lados tinham mais ou menos a mesma tecnologia? Vejamos Maratona: embora, em termos tecnológicos, os adversários não fossem iguais, os persas não estavam irremediavelmente desclassificados. Em um espaço restrito como a planície de Maratona, a falange grega, uma parede móvel de bronze a empurrar uma massa de lanças, era muito superior a tudo de que os persas levemente armados pudessem lançar mão. O número de gregos também pode ter sido superior. De acordo com Heródoto, havia 10.000 atenienses e 1.000 plateanos. Heródoto não diz quantos persas havia, mas revela que chegaram em 600 navios. Esses navios levavam remadores, que normalmente não lutavam em terra, e também cavalos. O almirante W. L. Rodgers, estudante da guerra de galeras, estima que poderia haver no máximo 15.000 persas e no mínimo 4.000[4].

Mito Nº 1

Batalha de Maratona: importante, mas dificilmente decisiva.

Mas os persas não planejavam eliminar o exército ateniense na planície de Maratona. Eles executavam o plano elaborado por Dario, o Grande, líder com muito mais talento do que se costuma admitir. Dario era um usurpador, e não o herdeiro legítimo de Ciro, o Grande, e seu filho Cambises. Ele conseguira tomar o trono persa, restaurar o império de Ciro que se despedaçava e organizar um governo competente. Não era um grande general como Ciro, mas era competente. Também não era humanitário como Ciro. Ciro prometeu ao povo liberdade religiosa, aboliu a escravidão e permitiu que populações cativas, como os judeus, retornassem à terra natal[5]. Dario não libertou ninguém e permitiu a escravidão, embora em extensão menor do que existia na Grécia. Mas Dario era político e estadista, um homem que sabia conseguir o que queria sem derramamento excessivo de sangue.

O problema começou quando as cidades gregas jônias da Ásia Menor se revoltaram contra o domínio persa. Essas cidades tinham sido governadas por tiranos, líderes sem o sangue real que os gregos da época esperavam dos seus reis. Dario esmagara a revolta, depusera os tiranos e criara pseudodemocracias: os cidadãos gregos poderiam fazer as próprias leis, que teriam de ser aprovadas pelo Grande Rei. Milcíades, comandante grego na Batalha de Maratona, era um desses tiranos derrubados.

Durante a Revolta Jônia, Atenas e Erétria ajudaram os jônios. Agora Dario queria se vingar. Não tinha a mínima intenção de arrasar a Grécia com uma marinha e um exército imensos. A Grécia, terra rochosa e montanhosa, não sustentaria um grande exército: os suprimentos teriam de chegar por mar. O poder naval grego era formidável e o Egeu era um mar tempestuoso, com litorais pedregosos. Em vez da força, Dario usou artimanhas. Cultivou quintas-colunas em Atenas e Erétria e prometeu libertar os cidadãos dos opressores da classe superior. Os traidores abririam os portões das cidades e deixariam entrar os soldados persas. Assim, o monarca persa mandou uma pequena tropa pelo mar, primeiro para Erétria, depois para Atenas. Os soldados persas distrairiam os exércitos erétrios e atenienses para que os traidores pudessem abrir os portões das cidades.

Dario só cometeu um erro. Pôs no comando da tropa um general medo chamado Datis. Provavelmente, Datis era um bom comandante no campo de batalha; tinha de ser, porque recebeu o alto comando mesmo não sendo de etnia persa. Mas era um soldado velho e conservador. Quando o povo de Erétria abriu os portões, Datis os reuniu e fez deles escravos. Era assim que sempre se fizera.

A ação de Datis criou uma falha no plano do seu senhor para tomar Atenas. Mas os agentes persas eram convincentes e o ouro persa fluía livremente. Milcíades, com os seus soldados no alto dos morros de Maratona, posição que tinham ocupado para neutralizar a cavalaria persa, viu um raio de sol vir da distante Atenas, provavelmente o reflexo de um escudo polido. Depois, viu os persas carregando os navios.

Milcíades sabia que a situação era desesperadora. Por mar, o exército persa poderia chegar a Atenas antes dos soldados atenienses. Ele ordenou que os soldados se preparassem. Eram 10 divisões, cada uma com o seu general. Os generais se revezavam no comando. Aquele era o dia de Milcíades. Normalmente, a falange grega tinha oito fileiras de profundidade. Para aumentar o comprimento da linha de frente e não dar espaço à cavalaria persa para flanqueá-lo, Milcíades manteve apenas quatro fileiras de profundidade no centro da linha. As unidades nos flancos teriam oito fileiras de profundidade.

O exército grego marchou encosta abaixo, uma geleira de bronze a retinir com as lanças eriçadas, os homens marchando ao ritmo da música das flautas. Os arqueiros persas começaram a atirar quando os gregos estavam a 200 metros, mas as flechas não penetravam na armadura grega. A geleira de bronze se transformou em avalanche quando os gregos trocaram para o passo acelerado.

O centro da linha persa era defendido por persas étnicos e sacas, um povo cita. Lutaram ferozmente, tentando até escalar a parede de escudos de bronze enquanto avançavam com adagas e golpeavam com as achas de guerra. O centro grego recuou enquanto as pontas mais fortes da linha avançavam contra os soldados não muito entusiasmados das nações súditas da Pérsia. Parecia o começo da Batalha de Canas, a obra-prima de Aníbal que aconteceria mais de dois séculos depois. Mas Milcíades não poderia completar, como Aníbal, o cerco dos inimigos. Os persas correram para os navios. Os gregos foram atrás, mas só capturaram sete das 600 embarcações. O grosso do exército persa fugiu.

Os gregos tinham vencido, mas a situação ainda era grave. Os persas chegariam a Atenas antes do exército ateniense. Milcíades mandou chamar Fidípides, um corredor profissional, e lhe disse que voltasse a Atenas para dizer aos cidadãos que o seu exército derrotara os persas.

Fidípides correu até pôr os bofes para fora — literalmente. Entrou à toda em Atenas gritando "Nike! Nike!" ("Vitória! Vitória!"), e caiu morto. Quando a frota persa chegou, os soldados de Dario encontraram os portões fechados e trancados. E fechados permaneceram até a volta do exército grego vitorioso.

Assim terminou a batalha universalmente reconhecida como uma das mais decisivas do mundo. Não houve rios de sangue nem montanhas de cadáveres. Houve heroísmo: Fidípides é um exemplo, e os persas e sacas sem armadura que atacaram com adagas a falange grega são outro. Mas não houve luta até a morte contra probabilidades terrivelmente desfavoráveis. Não foi o caso de um Davi ocidental a derrotar um Golias oriental.

Os persas podiam ter mais homens do que os gregos, ou eles podiam ter menos. Mas não se questiona quem tinha a maior tropa quando, três séculos e meio depois, os romanos invadiram o que fora a Pérsia, na época chamada Pártia.

Marco Licínio Crasso, membro do triunvirato que governava Roma, comandava 40.000 soldados de infantaria e 4.000 de cavalaria pelo deserto parta. Crasso planejava derrotar os partos, tomar-lhes o império, continuar até a Índia e, quem sabe, a China. Não seria muito difícil; poucas gerações atrás, os partas eram nômades do deserto, meros bárbaros. Não chegavam aos pés da força dos antigos persas, que tinham sido derrotados por Alexandre. E os romanos não eram melhores do que os macedônios e gregos?

Os romanos se dedicavam a uma perseguição aparentemente interminável da cavalaria leve parta quando apareceu um árabe que dera aos romanos informações valiosas, dizendo a Crasso que conhecia um atalho até o exército parta, que era bem menor do que o romano. Crasso seguiu o atalho, que passava por uma região estéril, sem água, e realmente encontrou os partas.

Encontrou-os de repente.

O general parta, rei do subordinado reino de Surena, era conhecido pelos romanos pelo nome do reino: Surena. Era um jovem de apenas 30 anos, mas tinha fama de sabedoria e coragem. Precisaria das duas, porque só tinha 10.000 cavaleiros: 1.000 lanceiros com armadura pesada e 9.000 arqueiros leves montados (os arqueiros lutavam a cavalo).

Surena ocultara os homens atrás das dunas, a armadura coberta de couro para não refletir o Sol e denunciar a sua posição.

Os arqueiros montados asiáticos, como esses turcos, dominaram a estepe durante séculos. Destruíram o exército romano em Carras e derrotaram os exércitos ocidentais até a invenção da pólvora.

Crasso soube que a batalha começara quando ouviu o trovão de centenas de tambores montados e a cavalaria parta surgiu na crista das dunas. A cavalaria pesada parta, coberta com tiras estreitas de aço enlaçadas (a chamada armadura laminar ou lamelar), atacou com as lanças em riste. A cavalaria pesada parta também levava arco e flechas como arma secundária. Atrás dos cavaleiros pesados, vieram os arqueiros montados leves com os seus arcos.

Os legionários romanos não temiam a cavalaria. Ficaram firmes e apontaram as lanças para os cavaleiros. Os partas deram meia-volta, galopando em todas as direções. Então, os romanos perceberam que os partas os tinham cercado completamente e lhes atiravam flechas de todas as direções. Os partas usavam uma arma antiga dos nômades da Ásia central, o arco composto. Esse arco curto e extremamente flexível era confeccionado com camadas de tendão, madeira e chifre. Era muito mais sofisticado e poderoso do que o famoso arco longo inglês. Conseguia perfurar a armadura romana e tinha alcance maior do que todas as armas portáteis do exército romano. Os partas não ficariam sem flechas. Surena levara consigo mil camelos carregados delas.

Crasso mandou o filho Públio contra-atacar. Públio servira com Júlio César na Gália e recrutara 1.300 cavaleiros gauleses, a melhor cavalaria do Ocidente. Ele os reuniu, 500 arqueiros e 4.000 legionários, e atacou. Os partas fugiram enquanto atiravam pelas costas do cavalo — o chamado "tiro parta". Quando Públio e os seus soldados estavam longe demais do corpo principal para receber reforços, os lanceiros partas atacaram. Públio recuou para uma posição defensiva e a poderosa infantaria romana mais uma vez deteve os lanceiros.

Então foi a vez dos arqueiros montados partas. Eles cercaram os romanos e os crivaram de flechas. Os partas usavam táticas mais tarde ressuscitadas quando os mosquetes e canhões substituíram as lanças e os arcos: se ficasse firme, a infantaria derrotaria uma carga de cavalaria com as baionetas, mas aí seria um alvo maravilhoso para a artilharia inimiga. Se rompesse as fileiras e tentasse se proteger, escaparia da artilharia, mas ficaria vulnerável à cavalaria. Os partas eliminaram o destacamento de Públio e cortaram a cabeça do seu comandante. Lançaram a cabeça na tropa principal romana, que murchava sob a chuva de flechas.

Os sobreviventes romanos tentaram escapar quando a noite caiu, mas se perderam. Os batedores partas encontraram Crasso e o grupo que comandava. Disseram-lhe que Surena queria conversar sobre a rendição. Enquanto Crasso discutia os termos com Surena, surgiu uma briga entre soldados romanos e partas. Crasso foi morto e os romanos remanescentes, escravizados.

De acordo com Parker, a implacabilidade absoluta "tornou-se a técnica padrão dos europeus que lutavam no exterior" desde a época dos hoplitas gregos (soldados-cidadãos lanceiros) e dos legionários romanos, e isso tornou os europeus militarmente dominantes[6]. "Os exércitos da Ásia e da África raramente marcharam sobre a Europa", escreve ele, "e muitas dessas exceções — Xerxes, Aníbal, Átila, os árabes e os turcos — só conseguiram sucessos de curto prazo"[7]. Mas, na verdade, os turcos foram para a Europa no século XV e ainda estão lá. Os árabes controlaram toda a Espanha ou parte dela pelo dobro do tempo que os britânicos controlaram a Índia, e seu controle era muito mais estrito. Os cãs mongóis e turcos controlaram a Rússia — uma parte muito grande da Europa — do século XIII ao XVI. No século XIII, três divisões do exército de Gêngis Khan — cerca de 30.000 homens —, comandadas por Subotai Bahadur e Chepé Noyon, fizeram um reconhecimento armado da Europa. Acabaram com os exércitos da Geórgia, da Rússia, da Polônia e da Hungria, e depois voltaram a Gobi para participar do conselho que elegeria um novo grande cã.

Parece que o mito da superioridade ocidental foi inventado para fazer o leitor se sentir bem e pensar: "Nós, ocidentais, somos feitos de material mais rijo do que essas raças inferiores". Na Batalha de Carras, em 53 a.C., os ocidentais, implacáveis ou não, não demonstraram superioridade. Na verdade, da época de Carras até poderem combater arcos compostos com armas de fogo práticas, os europeus quase sempre foram derrotados pelos arqueiros montados asiáticos.

Então, quando se leem afirmativas como esta: "Mais uma vez, a vantagem fundamental [para os europeus] é a capacidade de compensar a inferioridade numérica, seja ao defender a Europa de invasões (como em Plateia, em 476 a.C., em Lechfeld, em 955 d.C., e em Viena, em 1683 d.C.), seja ao subjugar os impérios asteca, inca e mogol, as tropas ocidentais sempre estiveram em desvantagem numérica de pelo menos dois para um e, muitas vezes, bem maior"[8], é a hora de lembrar o que 10.000 partas fizeram com 44.000 romanos e quem venceu as Cruzadas. A clara superioridade ocidental só começou a existir depois da invenção da pólvora.

Mito nº 2

Os Antigos Gregos se Recusavam a Usar Flechas Envenenadas

Muito embora as palavras *toxina* e *tóxico* venham da palavra grega *toxicon* que, por sua vez, vem do grego *toxon*, que significa "flecha", muitas "autoridades" defenderam por muito tempo que os antigos gregos *não usavam* flechas envenenadas. Os próprios gregos, na época das Guerras Persas, defendiam que as flechas eram para caçar, não para guerrear. Eles acreditavam que o arco e flecha era um modo covarde de lutar e que o veneno era desprezível.

Entretanto, nos mitos gregos se escreveu muito sobre o tiro com arco. Ulisses usava arco, embora pareça que o deixou em casa quando partiu para a Guerra de Troia e só o empregou para desbaratar os pretendentes à sua mulher quando finalmente voltou a Ítaca. Hércules também foi um arqueiro famoso e envenenou suas flechas com o sangue da Hidra. E sem recorrer a veneno, como Páris conseguiu matar Aquiles com uma flecha no *calcanhar*? (É claro que Páris *era* covarde, de acordo com o irmão, Heitor, e com a amante, Helena. Mas até que ponto Aquiles era corajoso, já que podia se lançar em combate sabendo que o único ponto vulnerável do seu corpo era um dos calcanhares?)

Ainda assim, os escritores dos séculos XIX e início do XX conseguiram ignorar a etimologia e essas pistas do folclore. Havia muito tempo, a população da Europa ocidental e dos Estados Unidos tinha uma noção idealizada da Grécia Antiga. Em certa época, a maioria das pessoas instruídas estudava grego na escola; a Grécia foi a inventora da democracia (uma palavra grega); a arquitetura pseudogrega era o estilo preferido nos prédios públicos; a arte grega era pura, límpida e não emotiva — durante muito tempo, os especialistas se recusaram a acreditar que os gregos clássicos pintassem as suas estátuas. O uso de flechas envenenadas parecia bárbaro demais para esse povo, ainda mais porque em muitos textos os gregos clássicos vilipendiavam o tiro com arco. De acordo com esses gregos, a única maneira para um homem lutar era a falange de hoplitas, frente a frente com o adversário, atacando com a lança.

Muitos séculos separaram os gregos clássicos de seus ancestrais miceneus, cujas façanhas estão registradas na Ilíada, na Odisseia, e em todos os outros mitos. Durante aqueles séculos, mudaram-se os

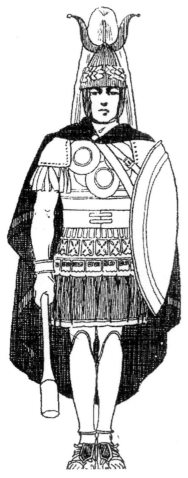

Hoplita grego armado de clava. Durante séculos, os hoplitas, que lutavam em falanges, foram a melhor infantaria pesada do mundo.

detalhes das velhas histórias para que fossem compreendidas pelos contemporâneos dos poetas. Os miceneus usavam carros na guerra, enquanto os gregos clássicos só os usavam como esporte. As placas de argila encontradas nas ruínas da miceniana Pilos mostram grande número de rodas e corpos de carros guardados nos arsenais reais. Também mostram que o reino tinha um número imenso de pontas de flecha[1]. É claro que a arma ideal para usar em um carro é o arco e flecha. E as flechas mais eficazes têm pontas envenenadas.

Em meados do século XX, a arqueologia começou a lançar nova luz sobre os arqueiros gregos. Centenas de pontas de flecha foram encontradas em sítios minoicos de Creta, e mais centenas nos túmulos de poço da Grécia miceniana. As pontas de flecha gregas eram feitas de bronze, sílex e obsidiana (vidro vulcânico). De acordo com A. M. Snodgrass, autoridade em armamento grego antigo, "o sílex é escasso na Grécia e já se sugeriu que essas pontas de flecha eram importadas do Egito; até no caso da obsidiana, os miceneus tinham de ir a Melos, nas ilhas Cíclades. Tudo isso indica um interesse pelo tiro com arco talvez intenso demais para ser explicado em termos de esporte ou obtenção de alimentos"[2].

Aliás, o sílex e a obsidiana podem ser muito mais afiados do que todos os metais disponíveis na Idade do Bronze. Podem ficar até mais afiados do que o aço. O Dr. Saxton Pope, um arqueiro moderno, experimentou flechas com ponta de aço e de obsidiana. Em seu livro *Bows and Arrows* [Arcos e flechas], ele explica: "O fenômeno mais espantoso é a grande superioridade da ponta de obsidiana ao cortar tecidos animais".

Infelizmente, a arqueologia não pode nos dar muitos indícios de uso de veneno; dois mil anos apagarão quase toda substância orgânica. No entanto, os mitos e outros textos dão muitas provas do uso de veneno, e Adrienne Mayor enche com elas o seu livro *Greek Fire, Poison Arrows and Scorpion Bombs* [Fogo grego, flechas envenenadas e bombas de escorpiões].

Por exemplo, há Filotetes, o segundo melhor arqueiro (depois de Ulisses) do exército grego que partiu para Troia. Ele herdara as flechas envenenadas de Hércules e, acidentalmente, se cortou com uma delas. O resultado foi uma ferida da qual escorria sem parar um líquido preto e mau cheiroso. Os seus companheiros de navio não conseguiram suportar o cheiro da ferida nem os seus uivos de dor, e o desembarcaram em Crise, uma ilha desabitada. Mas Filotetes não morreu de fome; sobreviveu matando pássaros com suas flechas. Parece que o veneno, semelhante ao usado hoje por tribos primitivas, não fazia mal quando comido. Depois da Guerra de Troia, os gregos construíram um santuário para Filotetes, que passou a ser considerado semideus. O santuário continha seu arco, a armadura e a estátua de bronze de uma serpente descendente da famosa Hidra (e provavelmente a verdadeira fonte do *toxicon* que um grego miceneu poria em sua *toxon*).

Mito nº 3
A Cavalaria Dominou os Campos de Batalha da Idade Média

No ano 370, os hunos, povo nômade originário do deserto de Gobi, atacaram os ostrogodos, ou godos do leste, povo germânico originário da Escandinávia, na região que hoje é a Rússia. Os hunos que então apareceram na Europa tinham sido expulsos séculos antes pelos chineses para o outro lado dos montes T'ien Shan. Eram tão desconhecidos dos povos do outro lado das montanhas que um grupo huno contemporâneo a *leste* deles era chamado de hunos brancos (sendo "branco" a cor do Oeste no simbolismo do Extremo Oriente)[1].

Os hunos tinham se afastado dos seus pastos natais em torno do Mar Cáspio e do Mar de Aral porque outras tribos invadiram suas terras. Para os habitantes da estepe, a vida era uma dança das cadeiras: quando a seca forçava uma tribo forte a se mudar, ela caía sobre uma nação mais fraca, que então tentava tomar os pastos de uma terceira tribo. Os hunos, um conglomerado de clãs independentes, não conseguiram resistir aos invasores e foram embo-

Os hunos, aqui em combate com os godos, dominaram um império que se estendeu da Ásia Central até a Europa Ocidental e aterrorizaram os guerreiros ocidentais até a morte de Átila.

ra. A derrota fez os clãs hunos se unirem, e eles desenvolveram uma poderosa máquina militar.

A base da máquina huna eram armas e táticas que foram desenvolvidas havia mil anos. A arma principal era o arco composto, um aprimoramento da arma que os partas de Surena usaram para eliminar os romanos de Crasso. Nas estepes eurasianas, todos os clãs organizaram seus combatentes em dezenas: 10 guerreiros formavam um esquadrão, 10 esquadrões formavam uma companhia, 10 companhias (1.000 homens) formavam um batalhão e 10 batalhões formavam uma divisão (unidade de 10.000 homens que, mais tarde, os mongóis chamaram de *tuman*). Sob Gêngis Khan, essas unidades faziam manobras dirigidas pelo ondular de um estandarte. Não se sabe que meios Átila empregava para transmitir ordens, se é que empregava, mas tanto as táticas hunas como as suas armas eram tradicionais na estepe: cercar o inimigo e atirar nele de todas as direções, além de oferecer falso combate para atraí-lo para uma emboscada ou, simplesmente, deixá-lo espalhado e vulnerável a um ataque em massa.

O primeiro povo que os hunos enfrentaram em sua marcha foram os alanos, nômades iranianos que os romanos consideravam os guerreiros mais formidáveis do mundo. Os alanos tinham todas as armas e táticas dos hunos e algo mais: lanceiros de armadura. Como os hunos, todos os cavaleiros alânicos usavam estribo, que só chegaria à Europa ocidental séculos depois, embora as tribos alemãs orientais, como ostrogodos e visigodos, também o usassem. O estribo permitia ao lanceiro combinar o próprio peso ao do cavalo, de modo que a ponta da lança atingia o inimigo com força terrível.

Mas os alanos não tinham unidade. A unidade dos hunos se mostrou um fator mais poderoso do que as lanças alanas. Muitos alanos acabaram fazendo parte da horda huna. Outros se mudaram para o Oeste e se uniram aos ostrogodos. Outros clãs alanos se mudaram para a Europa Ocidental. Nesse período que assistiu ao desmoronamento do Império Romano do Ocidente, os alanos lutaram dos dois lados de praticamente todas as guerras.

Na guerra seguinte, o ataque huno aos ostrogodos, os alanos tiveram papel de destaque. Safrax, um dos dois regentes ostrogodos depois da morte do rei Vitimir, era alano[2]. Ao mesmo tempo, os alanos formavam a vanguarda do exército huno.

A derrota de nações tão poderosas quanto os alanos e ostrogodos pelos hunos aterrorizou toda a Europa não romana. Tanto os visigodos quanto os remanescentes dos ostrogodos imploraram aos romanos que os deixassem se instalar no império. Os romanos acabaram consentindo, mas os funcionários imperiais maltrataram tanto os refugiados que eles se revoltaram.

O imperador romano, Valente, comandou o contra-ataque contra os ostrogodos. Ele localizou o acampamento ostrogodo, um círculo de carroças parecido com os fortes móveis dos pioneiros no oeste dos Estados Unidos, perto da cidade de Adrianópolis. Os godos pediram para começar negociações que pudessem levar à paz. Valente mandou um enviado ao acampamento godo. O enviado tinha uma escolta de arqueiros espanhóis indisciplinados que atiraram nas carroças quando se aproximaram. Os godos por trás das carroças reagiram com uma barragem avassaladora de flechas, e os arqueiros fugiram.

Nisso, os regentes Alateu e Safrax surgiram da floresta à frente de uma tropa de lanceiros alanos. Os cavaleiros nômades lançaram a cavalaria sobre o flanco direito romano e o expulsaram do campo. A cavalaria do flanco esquerdo romano atacou a muralha de carroças, mas não conseguiu rompê-la. Os alanos e outros cavaleiros ostrogodos se lançaram sobre os cavalos romanos desorganizados e expulsaram o resto da cavalaria romana. Então, os "bárbaros" se voltaram contra a infantaria romana, que ainda entrava em formação. A cavalaria goda atingiu a infantaria romana de ambos os lados e a apertou tanto que os soldados não conseguiam puxar a espada nem atirar as lanças. Assim, a massa da infantaria goda saiu do forte de carroças e caiu sobre os romanos. O imperador foi morto, e os romanos sofreram sua pior derrota desde a Batalha de Canas, em 216 a.C.

Essa batalha foi citada como ponto de virada da guerra ao mostrar a superioridade de lanceiros montados e blindados sobre a infantaria e o início do "ciclo da cavalaria", época em que os cavaleiros de armadura dominaram toda a luta terrestre. Mais recentemente, declarou-se que não foi assim, porque, como argumentou T. S. Burns, a maior parte do combate era feito pela infantaria e o cavaleiro de armadura só surgiu séculos depois[3]. No entanto, o argumento de Burns também é frágil. Sem dúvida a cavalaria alana e goda provocou a derrota romana e, se os dois regentes não tivessem aparecido naquela hora, os romanos poderiam ter vencido. O cavaleiro medieval levou algum tempo para aparecer porque o mundo medieval ainda não tinha surgido. É claro que os lanceiros de armadura já tinham aparecido, muitos e muitos anos antes. Os romanos os encontraram ao combater os persas e partas e, em sua cavalaria, copiaram esses catafractos orientais (tipo de cavalaria pesada blindada em que tanto o cavalo quanto o cavaleiro usam armadura).

Mas a ideia de que Adrianópolis foi um importante ponto de virada é tão frágil quanto a ideia de que já houve um genuíno "ciclo da cavalaria". Em 732, mais de três séculos e meio depois de Adrianópolis, Carlos Martelo derrotou em Tours a cavalaria muçulmana de Abdul Rahman com um exército de infantaria. A batalha se seguiu a uma exaustiva perseguição dos muçulmanos mais móveis pelos francos. Isso fez que os francos acrescentassem mais cavalaria às suas forças armadas.

Mais tarde ainda, em 1066, depois que os cavaleiros de todos os países europeus continentais tinham se tornado a elite militar, os cavaleiros do duque Guilherme da Normandia foram rechaçados pela infantaria inglesa. Essa infantaria precisou dos arqueiros para romper o impasse. Eles dispararam suas flechas bem para o alto, de modo que caíssem sobre as linhas inglesas. Quando os ingleses ergueram os escudos, os lanceiros normandos atacaram. Haroldo Godwinsson, o rei inglês, não ergueu o escudo com rapidez suficiente. Foi atingido no olho e derrubado. Mais tarde, um cavaleiro normando o matou.

**Sitiantes golpeiam o portão de um castelo com um aríete.
A cavalaria tinha pouca utilidade em sítios.**

Os cavaleiros de armadura eram eficazes contra atacantes como os viquingues, porque a menos que os atacantes marítimos roubassem cavalos para viajar em terra (algo que faziam com frequência), os cavaleiros tinham mobilidade muito maior e conseguiam surpreender os viquingues antes que assumissem posição defensiva. Mas quando a infantaria armada com lanças forma uma falange, os cavaleiros não conseguem rompê-la. Na verdade, poucos cavalos poderiam ser induzidos a tentar. A infantaria da Europa levou alguns séculos para perceber isso, mas depois que suíços e espanhóis montaram as suas falanges, os dias da carga de cavalaria decisiva se acabaram. O uso da falange parece uma ideia simples, mas a última coisa que a aristocracia europeia queria era uma infantaria treinada que pudesse desafiá-la.

As armas de lançamento, como o arco longo inglês, foram outra resposta à cavalaria — desde que os arqueiros, como os ingleses, conseguissem se esconder atrás de estacas afiadas no chão.

Além disso, durante todo o "ciclo da cavalaria" a maioria das guerras foi de assédio, e os cavalos são absolutamente inúteis para atacar muralhas de pedra.

Os cavaleiros sempre olharam de cima os pedestres, ainda mais quando, como os cavaleiros medievais, estavam acima deles socialmente. Mas durante a Idade Média, a infantaria travou a maior parte dos combates, embora os contadores de histórias da época preferissem dar a glória aos cavaleiros montados. Afinal de contas, eram esses nobres montados que convidavam os bardos para divertir os hóspedes.

Mito nº 4
A Armadura de Chapa era Pesadíssima

Esse mito foi reforçado pela versão cinematográfica de *Henrique V*, de Shakespeare, que mostrava os cavaleiros franceses sendo içados até a sela. Na verdade, a armadura de chapa era menos incômoda do que a cota de malha que a precedeu. A cota de malha, um tipo de tecido feito com milhares de anéis de ferro, pendia sobre o usuário como um casaco pesadíssimo. Quando o cavaleiro erguia o braço, também erguia a cota inteira. Mas com a armadura de chapa, ele só teria de aguentar o peso da arma e da cobertura do braço.

A armadura de chapa tinha outra vantagem sobre a cota de malha: para combater os cavaleiros com cota de malha, o arqueiro e os seus armeiros inventaram um novo tipo de ponta de flecha. A ponta antiga, farpada, de cabeça larga, tinha dois bordos cortantes que formavam um triângulo relativamente aberto. Era projetada para abrir uma via de destruição através de músculos e vasos sanguíneos, e derrubar a caça mais depressa. A nova ponta em estilete parecia uma agulha grossa de aço enrijecido. Penetrava em um elo da cota de malha e o abria o bastante para deixar a flecha passar. A pequena distância, uma flecha dessas penetraria na armadura de chapa, mas tinha de ser uma distância bem pequena. Os arqueiros ingleses causavam quase todo o dano ferindo e matando os cavalos franceses. Assim, conseguiam transformar uma carga em caos.

As armaduras construídas para combate pesavam menos de 30 quilos — mais ou menos o mesmo peso da mochila de um soldado moderno, mas menos restritiva, porque o peso se distribuía pelo corpo inteiro. Certa vez, o curador de armas e armaduras do Metropolitan Museum of Art, de Nova York, vestiu uma armadura de chapa, correu, pulou e dançou com ela.

No final da Idade Média, a armadura feita para usar apenas nas justas com lanças e cavalos de guerra era bem mais pesada do que a usada em combate, e as lanças eram projetadas para se quebrarem: a lança quebrada era a prova de um golpe bem dado[1]. Afinal de contas, as justas eram um jogo, embora muito violento.

Nas batalhas de Crécy e Poitiers, a maioria dos cavaleiros ingleses lutou desmontada, o que seria impossível se a armadura de chapa fosse pesada como diz a lenda. A aristocracia francesa, sem querer creditar a derrota a arqueiros camponeses, acreditava que os ingleses venceram porque os cavaleiros lutaram como infantaria. Assim, na próxima vez que se enfrentaram, em Agincourt, a maioria dos cavaleiros franceses deixou os cavalos para trás. O campo estava coberto de lama funda, e o inimigo estava a pouco menos de um quilômetro. A armadura de chapa era boa para muitas coisas, mas andar em lama densa não era uma delas — principalmente para a nobreza francesa, que nunca andava em lugar nenhum se pudesse cavalgar. Agora os arqueiros ingleses não conseguiriam provocar morte e confusão matando os cavalos franceses, mas ao alcançar a linha inglesa, a cavalaria francesa desmontada estava exausta. Os arqueiros ingleses conseguiram derrubá-los e depois matá-los com os malhos que usavam para golpear as estacas de madeira que tinham instalado para deter a carga de cavalaria[2].

A ideia de que, nos séculos XIV e XV, a armadura se tornou muito pesada pode ter-se originado como forma de impressionar os outros com o poder do arco longo inglês — arma importante, mas muito superestimada nos países anglófonos.

Mais tarde, quando os mosquetes substituíram os arcos como arma de arremesso da infantaria, as armaduras realmente se tornaram pesadas e desconfortáveis. Os armeiros aprenderam a fazer para os cavaleiros e alabardeiros corseletes e plastrões que a maioria das munições só consegue amassar — até mesmo as de hoje. Muitos anos depois, a National Rifle Association testou algumas peças de armadura antiga atirando nelas com pistolas e revólveres modernos. Quase todas as balas ricochetearam nos antigos corseletes, ou placas peitorais. Mas na época em que aquele tipo de armadura estava na moda, a guerra mudara tanto que a armadura pesada mais atrapalhava do que ajudava.

Na Idade Média, grande parte da luta era guerra de assédio: um lado ficava em um castelo ou cidade fortificada enquanto o outro acampava do lado de fora e tentava derrubar as muralhas ou escalá-las. Havia poucas marchas longas. Mesmo quando havia batalhas em campo aberto, os exércitos se encontravam quase com hora marcada para resolver a pendenga. A Batalha de Hastings, na qual Haroldo Godwinsson teve de descer correndo pela ponte de Stamford para encontrar o exército de Guilherme, o Conquistador, foi uma exceção. Em Hastings, as armaduras eram primitivas, e a batalha foi mais um evento da Idade das Trevas do que da Idade Média.

Mito nº 5

O Arco Longo Inglês era uma Arma Fenomenal

Os ingleses tinham uma expressão — "drawing the longbow", ou seja, "puxar o arco longo" — que significa "exagerar". Provavelmente, nasceu de quem ouvia as histórias grandiosas dos soldados medievais sobre o que fizeram ou viram fazer com a arma nacional inglesa. Algumas dessas histórias chegaram ao folclore e à literatura, como as que descrevem Robin Hood rachando deliberadamente uma flecha já espetada no meio do alvo ou as que contam que ele e seus homens desprezavam alvos comuns e praticavam arco e flecha atirando em varinhas descascadas ou galhos despidos da casca.

Nem todas as histórias tratavam da habilidade dos arqueiros; muitas eram sobre a força do arco. De acordo com a maioria delas, o arco longo conseguia lançar uma flecha a pelo menos 400 metros com exatidão fatal. Era mais frequente citarem o alcance de 800 metros. E a essa distância, conseguia perfurar qualquer armadura. Ele superou com enorme vantagem as pobres bestas usadas pelos inimigos continentais da Inglaterra e os arcos curtos usados por todos antes do surgimento do arco longo. Dizem que o arco longo tinha esse poder por ser tão comprido, da altura do arqueiro.

Agora, toda essa falação não era apenas "puxar o arco longo". Como os franceses e escotos puderam testemunhar, o arco longo, nas mãos dos arqueiros ingleses, era uma arma formidável. Mas isso se devia menos à arma em si do que ao modo como era usada. Examinemos primeiro o arco propriamente dito e a física do tiro com arco.

O arco longo não foi inventado na Idade Média. Ele data da Idade da Pedra. Já se desenterraram exemplares exatamente iguais ao arco longo medieval em turfeiras do norte da Europa, onde o ácido tânico conservou a madeira que, sem ele, apodreceria séculos antes. Não se encontraram arcos curtos naquela época porque nunca existiram.

É claro que isso depende do que se entende por "curto". Na *Encyclopedia of Arms and Weapons*, Tarassuk e Blair falam dos arcos normandos: "A deles era uma arma simples, bastante pequena, tendo apenas 1,5 metro (5 pés) de comprimento"[1]. Deve-se notar que nenhum desses arcos normandos jamais foi encontrado.

Na década de 1920, o Dr. Saxton T. Pope, médico da Califórnia que também era entusiasta do tiro com arco, fez uma réplica de um arco longo encontrado em um navio de guerra inglês do século XVI, o *Mary Rose*, que afundou em 1545 e foi resgatado em 1841. A haste do arco media 1,92 metro. Por ter passado três séculos debaixo d'água, ninguém jamais tentou atirar com ele. Aquele arco e outro do *Mary Rose* foram os únicos arcos longos do período de glória a sobreviver. O Dr. Pope, hábil construtor de arcos além de arqueiro, escolheu uma bela peça de teixo, matéria-prima preferida para arcos longos, e fez uma réplica perfeita do arco do naufrágio. Quando o usou, descobriu que o peso da puxada era só de 52 libras (24 kg) e que lançava uma flecha a apenas 170 metros.

"Para testar se o alcance desse arco podia ou não melhorar", escreveu o Dr. Pope, "ele foi reduzido a um comprimento de 6 pés [1,80 metro]. Agora pesava 62 libras [28 kg] e atirou a flecha leve de Ishi a 227 jardas [207 metros]. É claro que sabemos por Toxophilus que o arco padrão inglês era cortado de varas desse comprimento para se ajustar ao tamanho e à força do arqueiro que o usava. O arco médio tinha altura de um homem e a sua flecha tinha três quartos da jarda padrão, ou seja, cerca de 28 polegadas [70 cm]"[2]. Pope, então, cortou o arco para ficar de sua altura. O peso subiu para 28 kg, e ele atirou a flecha leve a 207 metros.

A razão dessa melhora de desempenho foi que, quanto mais curto o arco, mais acentuada a curva que faz durante a puxada total. Isso aumenta tanto o peso da puxada quanto a leveza dos limbos.

Infelizmente, poucos historiadores que escreveram sobre arcos longos atiraram uma flecha com algum tipo de arco. Menos ainda deles entendem a física do tiro com arco, que não é complicada, mas às vezes parece contraditória. Por exemplo, por si só o comprimento não dá força ao arco. Quando dois arcos têm "peso" (força necessária para puxar a corda), elasticidade e distância de puxada iguais, o arco mais curto dará mais velocidade à flecha. A razão é que os limbos do arco mais longo são mais pesados e, portanto, mais lentos para voltar à posição normal depois de terem sido curvados. A pegadinha aqui é que os arcos têm de ter peso, elasticidade e puxada iguais. Um arco curto todo de madeira (um arco "inteiriço", como dizem os arqueiros) não conseguiria atirar uma flecha com eficiência à mesma distância de um arco longo, quebraria antes. A madeira é um material relativamente quebradiço. É por isso que nunca houve arcos curtos inteiriços na Europa. Os especialistas que citam a tapeçaria de Bayeux como prova do mítico arco curto deveriam dar outra olhada no famoso bordado: os arqueiros normandos estão usando arcos tão compridos quanto os que seus descendentes empregariam dois ou três séculos depois.

Provavelmente, até o arqueiro mais primitivo da Idade da Pedra sabia por instinto que, quanto mais se puxa a corda (supondo que o arco não quebre), mais longe irá a flecha. Isso porque, em arcos de igual elasticidade e resiliência, quanto maior o peso da puxada do arco e quanto maior a distância em que a corda empurra a flecha, mais depressa esta voará. Os arqueiros ingleses costumavam segurar o arco em uma das mãos, geralmente a esquerda, e com a outra puxavam a corda até o canto da mandíbula (ou a orelha, como explicam alguns). Para a maioria dos homens, essa era uma distância que variava entre 28 polegadas (71 cm, a chamada "jarda de pano") e 30 polegadas (76 cm). É claro que a flecha poderia ser mais comprida do que isso, mas todo comprimento além da frente do arco vira peso morto e reduz a velocidade e o alcance.

Algumas tribos nativas da América do Norte que caçavam búfalos a cavalo usavam arcos mais curtos porque não conseguiriam uma puxada tão longa quanto os infantes ingleses. Mas a maioria deles também revestia com tendões os arcos mais curtos (entre 1,5 e 1,65 m de comprimento) para impedir que se quebrassem[3]. Os samurais japoneses, no outro extremo, usavam arcos entre 2 metros e 2,40 metros, mas seguravam a corda com o polegar, o que lhes permitia puxá-la até um ponto atrás da cabeça. E os samurais atiravam a cavalo com esses arcos enormes. Conseguiam fazer isso porque a pega, em vez de ficar no meio, como na maioria dos arcos, ficava a um terço do comprimento, a partir de baixo[4].

O peso da flecha era outro fator a considerar. Os arqueiros interessados em bater recordes, sejam desportistas modernos ou turcos medievais, usavam flechas especialmente leves. A flecha leve adquire muito mais velocidade e, portanto, tem um alcance maior. As flechas sérias para caça ou guerra são mais pesadas. Elas têm menos velocidade e mais ímpeto, o que lhes dá mais penetração.

Os historiadores sofreram influência frequente do historiador romano oriental, Procópio, que afirmou que os arqueiros romanos eram superiores aos inimigos, como os godos, porque puxavam a corda do arco até a orelha, enquanto os inimigos a puxavam apenas até o peito. Afirmações como essa só demonstram ignorância sobre o tiro com arco. A diferença da extensão da puxada até a orelha ou até o peito não passa de cinco centímetros e, quando o arqueiro atira em ângulo muito alto, como os normandos na Batalha de Hastings, puxar até o peito é mais conveniente.

Não havia muitos outros arqueiros na Europa medieval. A maioria dos guerreiros europeus dependia de armas de choque, como lanças, espadas e achas. Os galeses do norte, que viviam em terreno montanhoso muito inadequado para a cavalaria, nunca deixaram de usar arcos longos de madeira. Os viquingues também não; os arcos sempre foram a arma primordial dos marinheiros. E é claro que os normandos, naturalmente, já tinham sido chamados "northmen", "homens do Norte". Felizmente para o duque Guilherme da Normandia, seu povo não esquecera inteiramente os costumes dos ancestrais.

O que os ingleses *realmente* fizeram foi aproveitar o arco como arma muito melhor do que os outros europeus ocidentais. Em primeiro lugar, se asseguraram de que sempre houvesse arqueiros muito bem treinados em quantidade suficiente. A lei exigia que "todo inglês e todo irlandês que viva entre ingleses e que fale inglês" possuísse um arco e treinasse com ele todo domingo depois da missa. Afinal, praticar tiro com arco toda semana desde pequeno garantia um grande número de excelentes atiradores. Também garantia muitos arqueiros capazes de manejar um arco forte. Os arcos longos daquele período tinham, em média, 75 a 100 libras (34 a 45 kg) de peso de puxada e podiam atirar uma flecha leve até o máximo de 265 metros[5].

A lei que exigia a prática do tiro com arco continuou no reinado de Henrique VIII, mas sem querer esse rei deu início ao declínio dos arqueiros ingleses. Ele exigiu que todo homem com mais de 25 anos atirasse em alvos a 200 metros ou mais de distância. A razão era que, havia muito tempo, os militares ingleses tinham se especializado no tiro de longa distância. O problema foi que a 200 metros é difícil ver o que a flecha fez. O tiro com arco deixou de ser tão divertido e os ingleses começaram a faltar ao treino. Mas isso não importou muito; as armas de fogo tinham começado rapidamente a substituir os arcos e bestas.

Para treinar o tiro com arco a distância, os ingleses inventaram o "clout shooting", ou tiro ao pano, em que o alvo era um pano grande estendido no chão. Algum tipo de marcador, como um poste, mostrava ao arqueiro onde o pano estava. Então, o arqueiro atirava para o alto, para a flecha cair no pano. Em pé perto do pano havia outro homem, um marcador humano do alvo. Se a flecha atingisse o pano, o marcador caía no chão.

O tiro ao pano e a lei de Henrique VIII mostram que os ingleses estavam convencidos do valor do tiro com arco a longa distância e ângulo elevado — "tiro mergulhante", na terminologia moderna. Funcionou com Guilherme, o Conquistador, e funcionou de novo em Crécy. Em Hastings, nenhum arqueiro normando mirou o olho do rei Haroldo, mas quando uma chuva de flechas cai sobre soldados muito amontoados, alguns serão atingidos. Em Crécy, os besteiros mercenários genoveses nunca tinham enfrentado uma barragem de tiro com arco. Ocuparam uma posição que, para eles, permitia um alcance confortável — não extremamente grande. A maior parte do exército inglês era de arqueiros. Os genoveses eram uma parte pequena do exército francês. Em outras palavras, os arqueiros eram muito mais numerosos do que os besteiros. Além de ter mais soldados com armas de arremesso, os ingleses também tinham uma arma com maior cadência de fogo: os arqueiros conseguiam atirar cerca de seis flechas por minuto, os besteiros, umas quatro[6]. Antes que pudessem dar muitos tiros, os genoveses foram pegos por uma chuva de flechas, mais do que conseguiriam imaginar. E fugiram. Esse tiroteio de Crécy não foi, como se costuma dizer, uma prova da eficácia do arco longo contra a besta. Ele só mostrou que, em uma troca de projéteis, quem tiver mais projéteis ganha.

Os cavaleiros franceses que estavam atrás dos genoveses não tinham nenhum projétil. Atacaram e a tempestade de flechas os varreu, derrubando cavaleiros e, principalmente, cavalos. A carga virou um pandemônio. Os arqueiros atiravam detrás de uma sebe de estacas afiadas que visava a interromper a carga de cavalaria, mas os cavaleiros franceses não estavam interessados neles. Os arqueiros não eram nobres. Os cavaleiros franceses se concentraram nos cavaleiros ingleses desmontados no centro da linha.

Os arqueiros ingleses infligiram outra derrota aos franceses em Agincourt. Agora os ingleses tinham se convencido de que tinham a melhor das armas e ignoraram a evolução do armamento no continente. Mas, na verdade, eles nem sequer tinham os melhores arcos. O melhor arco era o arco composto turco, a evolução suprema da arma básica dos nômades eurasianos. O arco turco era curto e leve, tornando-o uma boa arma para cavaleiros. Consistia de um núcleo fino de madeira com barriga (a parte virada para o arqueiro) de chifre e costa (a parte voltada para o alvo) de tendão. O chifre tem grande elasticidade quando comprimido e o tendão, quando esticado. Alguns arcos turcos foram copiados na Itália, mas não muitos; os europeus estavam se voltando para as armas de fogo.

Em 1797, muito depois dos dias do arco como arma militar, os desportistas ingleses deram uma boa olhada no arco turco. O secretário do embaixador turco fez uma demonstração de tiro com arco e atirou uma flecha leve a 440 metros. "Posso lhe garantir que os toxofilistas ficaram espantados", escreveu uma testemunha. Ele disse que o mais longo tiro inglês de que já ouvira falar fora de 306 metros, e o arqueiro mais talentoso entre as testemunhas afirmou nunca ter conseguido lançar uma flecha leve a mais de 259 metros. No entanto, o turco ficou desapontado. Disse que ele e o arco estavam rígidos por falta de prática, e que vira o sultão disparar uma flecha a mais de 730 metros[7].

Besteiro medieval e sua arma. A besta, tão forte que tinha de ser puxada com uma roldana, tinha alcance muito maior do que o arco longo.

Raramente o arco longo inglês teve de enfrentar o arco composto turco, se é que teve. No entanto, os arqueiros ingleses combateram muitas vezes inimigos armados de bestas. Na verdade, o rei Ricardo Coração de Leão foi morto por um tiro de besta. A princípio, a besta tinha um arco curto de madeira com peso de puxada tão alto que o arqueiro precisava pôr o pé no arco ou em um estribo diante da coronha e puxar a corda com ambas as mãos. O projétil era uma seta curta e pesada. A força do arco era muito maior do que a do arco longo, mas a puxada era muito mais curta e a seta muito mais pesada do que a do arco longo. A puxada curta, como o peso da seta, reduzia a velocidade da arma, mas o peso do projétil também melhorava a penetração. Hoje é difícil estimar a eficácia dessas bestas primitivas, mas um conselho da Igreja decretou que a besta era inadequada para uso contra cristãos, mas não contra muçulmanos. O decreto foi amplamente ignorado. Muitos acharam que a morte de Ricardo foi adequada porque ele era um grande defensor das bestas.

As bestas posteriores tinham arcos de aço, com peso de puxada enorme — geralmente, mais de mil libras, ou 450 quilos. Os arcos eram puxados por dispositivos mecânicos, como roldanas ou um aparelho com alavanca e engrenagens chamado cranequim. Sir Ralph Payne-Gallwey, inglês rico e interessado em armas obsoletas, testou algumas dessas bestas de arco de aço e descobriu que seu alcance era muito superior ao do arco longo. Com uma delas, atirou uma seta a 400 ou 410 metros, ou pouco mais de um quarto de milha[8].

Os franceses já disseram que o tiro com arco foi um presente de Deus aos ingleses, logo não adiantaria transformar seus camponeses em rivais dos ingleses. Mas é claro que a verdadeira razão foi que os aristocratas franceses não queriam conviver com camponeses que conseguissem arrancá-los da sela com uma arma barata. Portanto, desenvolveram a sua arma revolucionária: a artilharia de campanha. A artilharia móvel conseguia surgir diante de muralhas de castelos sem nenhuma preparação. O mais importante é que podia destruir os arqueiros e suas sebes de estacas a distâncias além do alcance de qualquer arco. Assim, no final os franceses venceram a Guerra dos Cem Anos.

Contra os franceses e escotos, o arco longo deu grande vantagem aos ingleses, porque os inimigos não tinham arma de arremesso comparável — ou no caso dos besteiros genoveses, não tinham número comparável de armas de arremesso. Mas comparado com outros arcos militares da Idade Média — o arco composto da Ásia central, a besta e o arco japonês — o arco longo inglês dificilmente seria sensacional.

Mito nº 6
Os Maiores Canhões do Mundo Venceram Constantinopla

A captura de Constantinopla pelos turcos é considerada, juntamente com a descoberta da América por Colombo, o marco do final da Idade Média e o início do mundo moderno. Em 1492, Colombo descobriu um mundo novo, um mundo que só poucos europeus, como os escandinavos da Islândia, sabiam que existia. Mas a queda de Constantinopla em 1453 renovou o conhecimento da Europa sobre um mundo velhíssimo que muitos tinham esquecido. Estudiosos da cidade grega inundaram a Itália, realimentando o renascimento que ali já começara. O grego voltou a ser ensinado nas escolas e os alunos estudavam épocas, artes e ciências que tinham prosperado muito antes da Roma clássica. Então, o conhecimento desse mundo antigo se espalhou pela Europa.

A queda da cidade de Constantino também mostrou ao mundo que começara na Europa uma nova época para a guerra. Durante mais de mil anos, Constantinopla resistiu aos sitiantes — godos, hunos, abares, búlgaros, viquingues, russos, persas, magiares e árabes. Só fora ocupada uma vez por guerreiros da Quarta Cruzada que saíram da rota, comandados por Enrico Dandolo, o esperto, brilhante e cego doge de Veneza, de 80 anos. A cidade, que fora uma represa a segurar as hordas muçulmanas, caiu diante dos turcos.

Com isso, anunciou-se a Revolução da Pólvora com uma grande explosão. Maomé (Mehmet), o Conquistador, formalmente Maomé II, derrubara as muralhas até então intransponíveis de Constantinopla com os maiores canhões do planeta. Em seu livro *Guns* [Canhões], o historiador Dudley Pope chama Maomé de Primeiro Grande Artilheiro[1]. William H. McNeill, em *The Pursuit of Power* [A busca do poder], sua história da tecnologia militar, menciona várias vezes a artilharia turca a derrubar as muralhas[2]. Muitos livros afirmam que os enormes canhões de Maomé possibilitaram a conquista de Constantinopla. Pope diz que, quando os canhões estavam prestes a atirar, "foi um dos grandes momentos históricos porque, além de Maomé, o Turco, estar à soleira da Europa com treze grandes canhões e 56 canhões menores ao seu lado, a artilharia estava a ponto de obter a primeira vitória decisiva"[3].

Mas isso não é verdade.

A história verdadeira é mais interessante.

Constantinopla, a represa que segurava os muçulmanos, era algo como a barragem de Hoover, nos Estados Unidos, que segura a água que forma o lago Meade, mas solta um pouco para gerar energia elétrica. Apesar do bloqueio cristão da estrada para Constantinopla, o Império Otomano conseguiu guerrear com as nações cristãs da Europa Central e Oriental. Isso porque havia cristãos e cristãos: a religião do Império Romano do Oriente era a ortodoxa grega. A religião da Hungria, por exemplo, era a católica romana. Constantinopla permitiu que os turcos que combatiam uma das potências católicas transportassem seus soldados para a Europa por um preço: um ducado por soldado.

Mito nº 6

O custo incomodou Maomé quando este se tornou sultão. Ele não era um bárbaro ignorante. Falava turco, grego, latim, árabe, caldeu e eslavo. Era um estudioso perspicaz da história, mas não ficava na torre de marfim. Seus janízaros (soldados e guarda-costas da família real) o chamavam de "bebedor de sangue". Seu primeiro ato ao se tornar sultão foi mandar um assassino matar o irmão mais novo e, assim, eliminar um possível rival. Depois, matou o assassino. O único cristão que admirava era o conde da Transilvânia, conhecido pelos contemporâneos como Vlad, o Empalador, e por nós como Drácula.

O primeiro passo de Maomé contra Constantinopla foi desembarcar soldados no litoral europeu do Bósforo, ao norte da cidade, e construir um forte. Os canhões do forte dominavam o estreito e isolavam a cidade do fértil litoral norte do Mar Negro, de onde Constantinopla, como a antiga Atenas, obtinha a maior parte dos alimentos.

Maomé estudara a evolução da artilharia e tinha muita fé nos canhões. O seu chefe de material bélico era um cristão renegado chamado Urbano ou Orbano, identificado como húngaro, grego ou danês. Por conhecer a força de Constantinopla, Urbano projetou canhões maiores do que tudo que já se vira. Foram feitos de bronze e pesavam 37 toneladas. A dificuldade de mover esses monstros no século XV era tamanha que Urbano recomendou que fossem fundidos no local — diante de Constantinopla, onde o sítio estava em andamento. Maomé mandou derreter muitos canhões de bronze menores para fazer os grandes.

Os canhões tinham duas peças, com a culatra aparafusada ao cano. A culatra, onde a carga explodiria, continha a pólvora (várias libras de pólvora) e tinha paredes grossíssimas. O projétil era uma bola de pedra que pesava mais de 6 toneladas. A dificuldade de municiar esses canhões enormes era tamanha que eles só podiam atirar sete vezes por dia.

A cidade de Constantinopla. Os turcos golpearam suas muralhas com os maiores canhões do mundo, mas a tomaram quando se esgueiraram por uma poterna desprotegida.

Constantinopla, como Urbano e Maomé sabiam, seria um osso duro de roer. A cidade ficava em uma península, e uma muralha ia até a beira do mar. No lado de terra, havia três muralhas: a mais externa era um dique alto, atrás de um fosso com 18 metros de largura e cinco de profundidade. Em 1204, o exército cruzado não conseguiu cruzar as muralhas em terra.

A marinha veneziana de Dandolo atacou a muralha marítima, mas foi rechaçada até que o doge octogenário se enrolou na bandeira veneziana e berrou: "Ponham-me em terra, seus cães covardes!". Mas Veneza tinha uma marinha enorme, Maomé não. Os turcos atacariam as muralhas em terra.

Mas Maomé tinha um exército enorme, muito maior do que o de Constantinopla. Entre os 200.000 homens de Maomé, havia 12.000 janízaros, a melhor infantaria daquela região do mundo e talvez do planeta. Constantino XI, o imperador romano do Oriente, tentou obter ajuda do Ocidente. Chegou a concordar em aceitar a liderança do Papa. Isso ofendeu seu povo. Com 25.000 homens em idade militar em Constantinopla, somente 5.000 se dispuseram a combater os turcos. O Papa mandou 200 homens e mais dois ou três mil voluntários uniram-se a eles. Os mais valiosos de todos eram Giovanni Giustiani, de Gênova, famoso comandante, e Johann Grant, engenheiro alemão (às vezes identificado como escocês). No total, Constantino tinha apenas um homem para cada setor de cinco metros de muralha, se espalhasse todos igualmente e nenhum dormisse.

Os soldados turcos atacaram os postos avançados de Constantino, e em um dos casos expulsaram a guarnição com enxofre ardente (um primitivo ataque com gás). Maomé mandou empalar todos os cativos. Houve ataques contínuos à muralha, e Giustiani os enfrentou com canhões pequenos, arcabuzes, bestas, catapultas e "canhões de muralha" (canhões pequenos e portáteis que giravam sobre a muralha). Estes atiravam cinco bolas de chumbo de cada vez. Cadáveres turcos cobriam os campos do lado de fora, mas Maomé continuava a atacar.

Os turcos cavaram túneis para enfraquecer as muralhas, mas, ao longo delas, Grant enterrara pela metade alguns tambores com ervilhas secas em cima. A vibração das escavações fazia as ervilhas dançarem no couro dos tambores, que assim mostravam aos defensores onde estavam os sapadores turcos para que pudessem cavar contraminas. Os homens de Maomé construíram torres de sítio mais altas do que as muralhas, mas quando tentaram atravessar uma vala seca, os homens de Giustiani rolaram barris de pólvora sobre eles e os explodiram.

Enquanto isso, Maomé posicionava os enormes canhões, que exigiram 140 bois e 200 homens para arrastá-los alguns metros até a posição de fogo. Em 1º de abril de 1453, começou o bombardeio.

Os defensores aguardaram em vão que a frota veneziana aparecesse; um genovês comandava a defesa, e Gênova era inimiga mortal de Veneza, e o senado veneziano ficou até o fim da temporada navegável discutindo se mandava auxílio ou não.

Os canhões turcos atiravam noite e dia. Finalmente uma seção da muralha desmoronou, mas a essa altura Grant e seus engenheiros já tinham construído outra muralha atrás. Nesse ritmo, os turcos poderiam levar um século para vencer a cidade.

Em 29 de maio, o sultão, frustrado, ordenou o tudo ou nada: um ataque com todos os seus soldados. Novamente os corpos se empilharam, mas dessa vez um dos corpos era o de Giovanni Giustiani. Isso provocou certa confusão entre as forças defensoras, durante a qual alguns janízaros descobriram escondida uma poterna (pequena entrada que se faz em muralhas para permitir que os defensores façam sortidas contra os sitiantes) que estava destrancada e desprotegida. Os janízaros entraram e atacaram os defensores pela retaguarda.

Os turcos invadiram na cidade.

Constantino XI comandou os defensores em um contra-ataque e foi morto. Houve um massacre dos habitantes, mas Maomé o interrompeu e proclamou que todos os moradores teriam todas as liberdades e privilégios de que tinham gozado durante o Império Romano do Oriente.

Os historiadores, principalmente os interessados em artilharia, se concentraram no tamanho dos canhões turcos. Eram imensos, provavelmente os maiores do mundo na época, e derrubaram muralhas. Mas não causaram a queda de Constantinopla. A grande cidade caiu porque os turcos entraram por uma poterna desprotegida.

Mito nº 7
As Armas de Fogo Tornaram a Armadura Obsoleta

Esse mito foi repetido inúmeras vezes, embora obviamente seja falso. Às vezes o falante ou o escritor desse mito admite que os capacetes de aço usados na Primeira Guerra Mundial eram armadura, mas nesse contexto "armadura" não inclui os capacetes e peitorais elaborados usados por alguns regimentos de elite europeus. Aquele tipo de armadura é tão utilitária como um penacho.

O fato simples é que ainda se usaram armaduras reais e utilitárias muito depois de as armas de fogo dominarem o campo de batalha. Na verdade, os soldados receberam armaduras até na Guerra de Independência americana (de 1775 a 1783); na Guerra de Secessão (de 1861 a 1865), alguns soldados compraram para si armaduras que costumavam consistir de um colete de aço usado sob o casaco. E algumas dessas armaduras até os protegeram.

A primeira imagem de um canhão, do manuscrito de Milemete, de 1326, mostra um homem com cota de malha completa acendendo a carga de um canhão em forma de vaso. A imagem foi feita quando a cota de malha ainda era a última moda para guerreiros, muito antes de ser substituída pela armadura de chapa. O livro *Guns*, de Dudley Pope, está cheio de imagens de homens vestidos com armadura usando artilharia e vários tipos de armas de fogo portáteis, desde a Guerra dos Cem Anos até a Guerra dos Trinta Anos e a Guerra Civil britânica. O uso de armadura começou a se reduzir durante essas últimas duas guerras. A cavalaria a manteve mais tempo do que a infantaria; os cavaleiros armados de sabres entravam mais em combate corpo a corpo com armas cortantes do que a infantaria, e também tinham cavalos para aguentar o peso da armadura. O corpo de engenharia usou armadura durante mais tempo do que todas as outras armas; muitas vezes, os soldados faziam o seu trabalho em posições fixas e ficavam ocupados demais cavando ou cortando árvores para tomar medidas defensivas.

Os apreciadores de canhões sabem que eles costumam ter "marcas de prova" para mostrar que a arma foi testada com uma

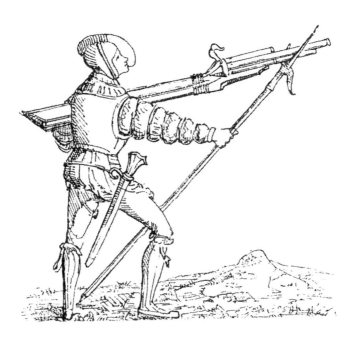

Soldado vestido com armadura portando mosquete primitivo.

Mito nº 7

carga muito mais pesada do que o normal. Se não explodisse, estava provado que o uso era seguro com cargas normais. Essa prática de prova foi feita primeiro com as armaduras, antes que houvesse canhões: o couraceiro atirava na sua obra com uma besta poderosa e, se a seta da besta não perfurasse a chapa da armadura, o couraceiro deixava ali a marca para mostrar que resistiria a tiros de besta. Vários anos atrás, a *National Rifle Association* realizou um teste com uma armadura antiga e pistolas modernas, e a armadura se mostrou surpreendentemente protetora.

Soldado de armadura com um mosquete de modelo mais recente. As armaduras foram usadas por alguns soldados no século XX e revividas na Primeira Guerra Mundial.

Durante as guerras religiosas dos séculos XVI e XVII, cavaleiros mercenários alemães chamados Reiters usavam armaduras de chapa completas e, como armamento, quase só pistolas com trave de roda — duas a seis pistolas por soldado. Eram organizados para combater a falange de alabardeiros, que quase se tornou a maior arma daquela época: a falange fez o cavaleiro de armadura deixar de ser a principal força de ataque dos exércitos e se transformar em força auxiliar. A alabarda de infantaria era mais comprida do que as lanças que os cavaleiros conseguiam manejar, e a antiquada carga de cavalaria faria o cavalo e até o cavaleiro se empalarem na alabarda antes que a lança tocasse o infante. Os Reiters reagiram à falange abandonando as lanças e substituindo-as por pistolas. Usavam-nas em um ataque em caracol, no qual os cavaleiros formavam uma longa coluna e trotavam até a falange. Pouco antes do alcance da alabarda, disparavam as pistolas e trotavam para a retaguarda enquanto recarregavam.

A resposta às pistolas dos Reiters foi o mosquete, arma portátil grande e pesada que, para atirar, tinha de ser apoiada em uma forquilha. Seu alcance era muito maior do que o da pistola, com força suficiente para penetrar na maioria das armaduras. É claro que era possível fazer armaduras mais pesadas, mas o peso das mais recentes era uma desvantagem grave agora que as campanhas eram mais demoradas e cobriam território muito maior. Os soldados se contentavam com um capacete, um corselete e um gibão de mangas compridas (um casaco de couro grosso de búfalo). Muitos até se viravam sem o corselete de metal. Os chapéus civis passaram a substituir os capacetes, embora muitos fossem reforçados com faixas de aço no forro. Enquanto a armadura desaparecia, o enorme mosquete encolheu para o tamanho da "Brown Bess", o mosquete Land Pattern usado por ambos os lados na Guerra de Independência americana.

A cavalaria pesada britânica usou couraças de aço na Guerra da Rainha Ana (1702-14), travada contra a França na América do Norte. Foram ressuscitadas por um breve período, em 1758, e depois desapareceram inteiramente. Mas os engenheiros dos exércitos britânico e francês continuaram a usar armadura. Em 1776, o Chevalier de Vallière, oficial francês, recomendou armadura para todos os soldados que atacassem locais fortificados[1].

Há alguns anos, os operários que reformavam o histórico forte Ticonderoga, junto ao rio Hudson, no norte dos Estados Unidos, encontraram um peitoral de aço embutido na parede. Parece que foi posto ali como "simpatia", na crença de que o espírito protetor da armadura defenderia as muralhas[2]. Outro grupo que usou armadura na Guerra de Independência americana foram os comandantes de navios. A armadura de John Paul Jones está conservada na Academia Naval dos Estados Unidos.

As armaduras continuaram disponíveis para compra particular muito depois que os governos deixaram de distribuí-las, mas não eram populares. Podiam ser extremamente desconfortáveis durante marchas longas, comuns na Guerra de Secessão. Muito depois dessa guerra, algumas vezes, alguns artilheiros usaram coletes de aço. Dizem que Wyatt Earp teve um deles[3]. Durante as décadas de 1920 e 1930 — época das grandes guerras de quadrilhas e dos ladrões de banco motorizados — os coletes "à prova de balas" se tornaram muito populares em alguns círculos. Mas naquela época, a armadura militar começava a voltar à moda. Na Primeira Guerra Mundial, o uso pesado de fogo de mergulho com granadas de *shrapnel* — a melhor maneira de atacar um inimigo entrincheirado — fez todos os beligerantes adotarem o capacete de aço. Havia pouco movimento na frente ocidental, e os artilheiros de canhões pesados se movimentavam ainda menos do que os outros soldados, o que levou os alemães a adotar, em escala limitada, armadura corporal para metralhadores.

Houve muito mais movimento na Segunda Guerra Mundial, e a armadura surgiu para os guerreiros mais móveis: a tripulação das aeronaves. Eles usavam jaquetas *flak* (FLAK é a sigla de *flieger abwehr kanone*, "canhão antiaéreo" em alemão). O objetivo primário da jaqueta era proteger o usuário de fragmentos da explosão de granadas antiaéreas. Os infantes podiam se esconder em buracos, mas a tripulação das aeronaves estava totalmente exposta lá no céu.

No final da Guerra da Coreia, uma guerra de trincheiras como a Primeira Guerra Mundial, as unidades em terra receberam coletes equivalentes às jaquetas *flak*. Parecidos com a vestimenta dos aeronautas, eram usados para proteger os soldados de fragmentos de granadas. O autor se recorda de um incidente quando foram distribuídos: um soldado o vestiu e entregou o fuzil a outro homem.

— Pode atirar — disse. — Sou à prova de balas!

Os camaradas o convenceram a testar a armadura primeiro. Eles penduraram o colete nos restos de uma arvorezinha destruída e atiraram. A bala do fuzil atravessou a frente do colete e a árvore destruída, saiu pelas costas do colete e seguiu para local não sabido.

Hoje, no Iraque e no Afeganistão, os soldados usam armaduras bem melhores. Esses coletes param projéteis de fuzis comuns, embora provavelmente não detenham projéteis dos fuzis de precisão calibre .50 agora em uso.

Longe de se tornar obsoleta, desde a época dos hoplitas gregos a armadura nunca desapareceu completamente (embora também nunca tenha oferecido proteção total). Há milhares de anos os guerreiros de armadura morrem em combate.

Mito nº 8

O *Monitor* e o *Merrimack* Travaram o Primeiro Duelo de Navios Blindados

Durante a Guerra de Secessão, o vapor canadense CSS *Virginia*, reconstruído a partir do navio americano USS *Merrimack*, chegou a Hampton Roads em 9 de março de 1862 para completar a destruição das belonaves do Norte que faziam o bloqueio. O *Virginia* era uma embarcação de aparência esquisita. O casco tinha sido cortado pouco acima da linha d'água e, onde antes fora o resto do casco, havia laterais inclinadas cobertas de placas de ferro com portinholas para canhões. Quando surgiu, o *Virginia* tinha um esporão de ferro fixado na proa, como o aríete de uma galera antiga. Foi o primeiro de uma nova classe de navios de guerra chamados "aríetes", que acabaram usados exclusivamente pela Confederação, ou seja, os estados do Sul. O *Virginia* perdeu o esporão quando atingiu o USS *Cumberland*, mas em minutos este afundou com um buraco no casco "suficiente para passar um cavalo e uma carroça por ele", de acordo com uma testemunha[1]. Sem se deter com a perda do esporão, o *Virginia* foi atrás do USS *Congress* e o em-

O *Monitor* e o *Virginia* (nascido *Merrimack*) lutaram séculos depois do primeiro combate de navios blindados.

purrou para terra sob uma chuva de fogo. Outro navio da União, o USS *Minnesota*, na pressa de ajudar o *Congress*, encalhou. A escuridão o salvou, mas o navio blindado confederado voltou no dia seguinte para terminar o serviço.

Lá, encontrou um navio de aparência ainda mais estranha. O convés do recém-chegado ficava quase na linha d'água e não havia superestrutura, mas uma torreta redonda com dois grandes canhões Dahlgren e um lugar para o piloto perto da proa, uma caixinha minúscula mais ou menos do tamanho de uma cabeça humana. Como o *Virginia*, o USS *Monitor*, o novo navio, era blindado com chapas de ferro.

A épica briga de socos dos dois navios terminou empatada, mas sempre foi lembrada como a primeira batalha entre navios blindados da história.

Quer dizer, é assim que é lembrada nos Estados Unidos, mas isso se deve à maneira como a "história mundial" é ensina-

MITO Nº 8

da nas escolas secundárias americanas. O aluno médio do secundário aprende a Idade da Pedra, quando as pessoas viviam cruamente, mas inventaram o fogo; o mundo antigo, quando as pessoas saíram das cavernas e começaram a construir pirâmides; e a Era Clássica, em que os gregos inventaram a filosofia e esculpiram estátuas de gente pelada enquanto os romanos lançavam outra gente aos leões. Depois, chega à história das nações europeias — isto é, nações europeias ocidentais —, ouve falar de Colombo e da história da América do Norte, mal percebendo a existência de algum país ao sul do Rio Grande, e aprende muito pouco sobre o Canadá. O aluno não aprende nada sobre o que aconteceu no Extremo Oriente entre o Homem de Pequim e o século XV até lhe ensinarem que portugueses, holandeses, ingleses e franceses tentaram impor o comércio aos países da Ásia Oriental.

Alguns garotos aprenderam que provavelmente a pólvora foi inventada na China, e que China e Japão também aprenderam um pouco de tecnologia ocidental. Pouquíssimos aprenderam que, depois de gerações de luta interna, um tal de Toyotomi Hideyoshi se tornou governante de fato do Japão. O governante teórico do Japão era o imperador, mas o governante *real* era um comandante militar chamado xógum. Hideyoshi não poderia ser xógum porque era plebeu — o primeiro e único plebeu a chegar ao ápice da escala social na história do Japão. Mas trouxe a paz.

Para ele, a paz nascia no cano das armas — nesse caso, o arcabuz com chave de mecha levado para o Japão por alguns marinheiros portugueses. Oda Nobunaga, o grande nobre a quem Hideyoshi servira, viu o valor dos arcabuzes e os usava amplamente em guerras com outros nobres. De acordo com Noel Perrin, "pelo menos em número absoluto, as armas de fogo, quase com certeza, eram mais comuns no Japão no final do século XVI do que em todos os outros países do mundo"[2]. Oda quase conseguiu unificar o Japão, mas morreu na guerra. Hideyoshi ocupou o seu lugar e terminou o serviço.

Hideyoshi não era um personagem imponente. Pelas costas, todos os chamavam de "Velho Cara-de-Macaco", mas sua ambição era ilimitada. Depois de dar fim à guerra civil aparentemente interminável no Japão, decidiu conquistar a China. A melhor maneira de chegar à China era através da Coreia, e Hideyoshi mandou enviados ao rei da Coreia para pedir passagem livre para o seu exército até a China. O rei Son Jo e a sua corte riram dos japoneses, mas não era aconselhável rir de Toyotomi Hideyoshi.

As forças armadas coreanas (na época, o exército e a marinha da Coreia eram uma só arma) não participavam de guerras havia muitos anos. Os guerreiros coreanos eram muito menos numerosos do que os do Japão e as suas armas de fogo portáteis muito inferiores, em número e qualidade, aos arcabuzes japoneses. Mas tinham algo novo: embarcações chamadas de "navios-tartaruga" ou *kobukson*. Eram parecidas com o *panokson*, a belonave padrão coreana, só que as laterais do casco eram protegidas com chapas de ferro.

O navio-tartaruga tinha 34,2 metros de comprimento e 10,3 de largura. Na proa, havia uma cabeça de dragão, em cuja boca havia um canhão. A popa do navio tinha o formato de um rabo de tartaruga e, debaixo do rabo, havia outro canhão. O navio tinha dois conveses. No convés inferior, ficavam os remadores. Eram oito remos de cada lado. Em combate, havia cinco remadores em cada remo, mas outras vezes pares de remadores se revezavam. Acima do convés dos remos ficava o convés de artilharia, com seis canhões de cada lado. Abaixo da cabeça de dragão de proa, bem na linha d'água, havia uma cabeça metálica de gárgula que servia de aríete. Uma tática muito apreciada pelos coreanos era golpear o navio inimigo com o aríete e, enquanto os remadores tiravam água, atirar na brecha com o canhão da cabeça de dragão. Flechas incendiárias também podiam ser

Mito nº 8

atiradas pela cabeça do dragão e fumaça lançada pela boca para criar uma cortina[3].

As táticas navais japonesas, por sua vez, baseavam-se primariamente na abordagem. Os navios japoneses tinham poucos canhões (embora os japoneses usassem muito mais armas de fogo portáteis do que os coreanos). Para impedir as abordagens, os navios coreanos tinham, sobre o convés superior, telhados com estacas afiadas, às vezes escondidas por esteiras de palha. Tanto o *kobukson* blindado quanto o *panukson* sem blindagem tinham o fundo chato, para que pudessem ser levados até as praias que orlavam o extenso litoral da Coreia[4]. O fundo chato também permitia que os navios coreanos mudassem de direção girando no mesmo lugar. Os navios japoneses de fundo redondo com quilha eram mais velozes, mas tinham de fazer um círculo muito maior nas curvas.

A blindagem dos navios-tartaruga coreanos também não era novidade. Em 1578, os japoneses tinham vários navios, encomendados por Oda Nobunaga, com 36 metros de comprimento, 21 de largura e revestidos de placas de ferro[5]. Não se sabe se esses navios foram usados na invasão da Coreia, mas parece improvável que embarcações tão formidáveis fossem deixadas para trás, ainda mais considerando os desastres que atingiram a marinha japonesa durante aquela operação. Parece praticamente certo que o primeiro choque entre navios blindados aconteceu quase 300 anos antes que o *Virginia* e o *Monitor* trocassem tiros.

A blindagem com ferro, na época, não era a principal vantagem coreana. O ás na manga da Coreia era um ser humano, Yi Sun-sin. O almirante Yi tinha ajudado a projetar os navios-tartaruga e, quando a guerra começou, era comandante de uma grande parcela da esquadra coreana.

Em 14 de abril de 1592, Hideyoshi desembarcou 160.000 soldados em Pusan, o porto do Sul de que todos os veteranos americanos da Guerra da Coreia de 1950 a 1953 se lembram muito bem. Os japoneses derrotaram os mal equipados soldados coreanos e, 18 dias depois do desembarque, chegaram a Seul. Son Jo fugiu.

Mas o almirante Yi andara ocupado. Ele reuniu a frota — a princípio, apenas 27 navios — e começou a atacar os comboios japoneses. Em 7 de maio, atacou 26 navios japoneses e afundou todos. No mesmo dia, caiu sobre mais cinco navios japoneses e também afundou todos. No dia seguinte, encontrou 13 navios inimigos e afundou 11 deles. Em 7 de junho, tinha aumentado a frota para 51 navios e travou sete batalhas, vencendo todas. Em cada batalha, tinha vantagem numérica sobre o inimigo, mas em julho planejava comandar uma frota muito maior.

Para destruir a incômoda marinha coreana, Hideyoshi mandou 73 navios para a Coreia. Yi soube que os japoneses estavam ancorados no canal de Kionnaeriang, um estreito cheio de pedras submersas, e achou que não havia espaço suficiente para manobrar e que as pedras submersas tornavam as manobras perigosas. Combinou sua frota com a de outros almirantes e estacionou 56 belonaves perto de Hansan-do, uma ilha perto de Koje-do, local de um imenso campo de prisioneiros na guerra de 1950 a 1953. Os navios de guerra coreanos estavam em uma formação chamada Asa do Grou, um semicírculo que dava para a embocadura do canal. Yi mandou cinco navios de madeira subirem o canal. Quando os japoneses os viram, içaram âncora e partiram para cima deles. Os navios coreanos deram meia volta e desceram o canal na velocidade máxima.

Quando os japoneses avistaram Hansan-do, perceberam que em três lados estavam cercados pela Asa do Grou de Yi. Dos 73 navios de guerra japoneses, 47 foram afundados e 12, capturados. Só 14 escaparam.

Então, Hideyoshi proibiu que suas forças travassem batalhas navais com os coreanos. Em *The Influence of the Sea on the*

Political History of Japan [A influência do mar na história política do Japão], o vice-almirante George A. Ballard, historiador naval britânico, escreve sobre a Batalha de Hansan-do: "Essa foi a façanha mais gloriosa do grande almirante coreano. No curto período de seis semanas, ele obteve uma série de sucessos insuperada em todos os anais da guerra marítima, destruindo as frotas de combate do inimigo, cortando as suas linhas de comunicação, arrasando os seus comboios [...] e levando à ruína total os seus planos ambiciosos. Nem mesmo Nelson, Blake e Jean Bart conseguiriam fazer mais do que esse representante quase desconhecido de uma nação pequena e cruelmente oprimida"[6].

A vitória estimulou a China a entrar na guerra. Os japoneses se retiraram do rio Yalu. Dois meses depois da Batalha de Hansan-do, abandonaram Seul. Yi foi promovido a comandante de todas as forças navais coreanas. Hideyoshi deu início às negociações para terminar a guerra. No entanto, em 1596 as negociações se frustraram e Hideyoshi criou um novo plano para livrar-se de Yi Sun-sin. Um japonês chamado Yoshira abordou um general coreano e lhe ofereceu informações valiosas sobre as forças japonesas. Algum tempo depois, disse que os japoneses voltariam a invadir a Coreia e contou ao general coreano Kim Eung-su onde aconteceria o desembarque. Kim passou a informação ao rei Son Jo, que ordenou a Yi que atacasse os japoneses. Yi sabia que a água em torno do local de desembarque estava cheia de rochas submersas. Qualquer manobra naval ali seria suicida, disse ele, e se recusou a atacar.

Provavelmente Hideyoshi conhecia o medo de rochas submersas de Yi e achou que esse seria um modo indolor de se livrar dele. Quase conseguiu.

O rei achou que a recusa de Yi era pura arrogância e mandou prendê-lo e torturá-lo. Só os apelos de autoridades da corte que se lembravam das vitórias de Yi o salvaram da morte. O almirante foi rebaixado de comandante de todas as forças navais a soldado raso do exército. O seu lugar foi ocupado por um antigo rival, Won Kyun. Won levou os 168 navios da Coreia para combater os 500 e, mais tarde, 1.000 navios de guerra do Japão. A luta durou três dias. No primeiro, Won perdeu sete navios, no segundo, 27 e no terceiro, 134. A frota foi aniquilada. Ele nadou até a praia e foi morto por um soldado japonês.

O rei reabilitou Yi Sun-sin.

Em 16 de setembro de 1597, Yi reuniu os navios remanescentes da Coreia — todos os treze — contra uma frota japonesa de 330 embarcações. Eles se encontraram em um canal estreito demais para todos os navios japoneses se mobilizarem, mas 130 deles conseguiram cercar os 13 de Yi. A tática de abordagem do Japão foi atrapalhada pela artilharia e pelas flechas incendiárias coreanas; os navios não conseguiram se aproximar o suficiente. Então um desertor japonês que era um dos intérpretes de Yi reconheceu o corpo do almirante japonês flutuando no mar tinto de sangue. Yi mandou que pescassem o corpo e o pendurassem em um mastro, para que todos os marinheiros japoneses pudessem ver que o seu líder estava morto. Então, a corrente do canal mudou e desorganizou a formação das duas frotas. Os japoneses perderam a coragem e fugiram pelo canal acima, mas Yi instalara, presas a cabrestantes, correntes de ferro que atravessavam o canal sob a superfície. Quando os navios japoneses passaram, os soldados coreanos içaram as correntes e os viraram. No total, 31 navios japoneses afundaram e 90 ficaram gravemente avariados. O adoentado Toyotomi Hideyoshi recebeu a notícia no castelo de Osaka. Menos de um ano depois, estava morto. A Guerra dos Sete Anos, como a chamam os coreanos, terminou.

Mas houve um último ato. Yi e Chien Lien, um almirante chinês, se uniram para dar um presente de despedida aos japoneses que partiam. A Coreia tinha 83 navios e a China, 63. Eles atacaram 500 navios japoneses e afundaram 450 deles. Mas a Coreia pagou um preço alto: a bala de um arcabuz japonês tirou a vida de Yi Sun-sin. O almirante coreano travou 23 batalhas e nunca perdeu nenhuma. Na verdade, nunca perdeu um navio. Nenhum outro almirante tem uma ficha dessas.

A história do Extremo Oriente na época do Renascimento europeu é pouco conhecida nos Estados Unidos, de modo que as operações desses primeiros navios de guerra blindados e do grande almirante Yi, que os comandava, estão quase totalmente esquecidas.

Mito nº 9
Quando a Guerra de Independência Americana Começou, os Colonos se Dividiram em Três Grupos

Esse mito é encontrado com frequência, embora tenha pouco fundamento. Provavelmente foi inventado por um historiador britânico. Os britânicos confundem um pouco a história americana. Muitos acham que a Guerra de Secessão (1861-1865) teve a ver com gente como George Washington (1732-1799) e Benjamin Franklin (1706-1790)[1]. O fato de esse mito continuar em vigor se deve, em grande parte, à ignorância sobre uma instituição colonial tipicamente americana: a milícia.

Hoje em dia, quando se fala em "milícia" a maioria pensa em extremistas políticos que usam armas e ameaçam a revolta armada em defesa de vários supostos "direitos". Ou pensam na Guarda Nacional, organização militar estatal formada inteiramente de voluntários. Nada disso é a milícia mencionada na segunda emenda da Constituição americana.

73

Todas as colônias britânicas da região que hoje constitui os Estados Unidos tinham leis sobre milícias que incluíam praticamente todos os homens em boas condições físicas, com algumas exceções, como os ministros religiosos. Ninguém *entrava* para a milícia; todos passavam automaticamente a fazer parte dela assim que chegavam a determinada idade, em geral 16 anos. A milícia era uma instituição europeia que datava da Idade Média, mas acabou desaparecendo quando os exércitos regulares se desenvolveram. Nas colônias, havia sempre o risco de um ataque súbito de nativos hostis ou de soldados de outras potências coloniais europeias, como a França. Portanto, todos os homens eram obrigados a ter um mosquete ou fuzil e uma quantidade determinada de munição, pederneiras e pólvora. Também precisavam ter espada, machadinha ou baioneta. (A machadinha era a alternativa mais popular, já que as outras duas não tinham muita serventia doméstica.)

A milícia compunha o poder militar da colônia. Muitos grupos da milícia tinham artilharia própria. Havia alguma cavalaria, mas não muito no nordeste montanhoso e coberto de florestas. Os milicianos elegiam os seus oficiais e treinavam à moda europeia. Mas quando combatiam os nativos, costumavam usar as táticas deles, como se proteger atrás de árvores e pedras, e avançar correndo.

Os oficiais britânicos tinham a tendência de rir da milícia — "soldados amadores", diziam, embora a milícia sempre tivesse sido sua aliada. Em Concord, tiveram a oportunidade de ver a milícia do outro lado: enquanto os casacos-vermelhos britânicos saíam marchando de Boston, espalhou-se o boato de que Paul Revere e outros montavam uma enorme organização miliciana. Revere, por exemplo, não passou a cavalo pelas ruas gritando, "Os britânicos vêm aí!", como diz a lenda. Para começar, ele e todo mundo se consideravam britânicos. O que ele disse foi: "Os regulares estão saindo", e disse isso a pessoas escolhidas: aos líderes da organização revolucionária Filhos da Liberdade, a pastores influentes e, principalmente, a oficiais da milícia. Essas pessoas tinham várias maneiras de convocar a milícia, que os oficiais britânicos que capturaram Revere viram em ação. Eles ouviram tiros de sinalização e toques de trompete e viram lampiões balançarem e fogueiras de comunicação. Ouviram Revere dizer que esses eram os sinais de que o país se levantava e que, se continuassem rumo a Concord, seriam homens mortos. Libertaram o mensageiro revolucionário, tiraram-lhe o cavalo e voltaram para se unir ao corpo principal das tropas reais.

Em Concord, os britânicos viram o resultado daqueles sinais. Não havia homens em idade militar na cidade, mas dois regimentos da milícia de Middlesex estavam do outro lado da North Bridge, a ponte do Norte, marchando ao som de pifes e tambores. A canção tocada era *White Cockade* (Cocarda branca), música dos rebeldes escoceses jacobitas de 1745.

Três companhias de infantaria leve britânica atiraram na milícia. Esta respondeu ao fogo e 12 britânicos caíram. Toda a infantaria leve correu para salvar sua vida; oito feridos se levantaram e correram também. Deixaram quatro casacos-vermelhos mortos. Nesse momento, a luta seguia estritamente a linha europeia, mas isso mudou quando os britânicos recuaram para Boston. Às vezes as companhias da milícia se alinhavam e disparavam salvas contra os britânicos, mas com mais frequência atiravam detrás de árvores e muros de pedra. O general da milícia, William Heath, assumiu o comando e cercou completamente os britânicos, avançando à frente da sua vanguarda e seguindo de perto a retaguarda.

É importante observar novamente que *todos* os homens de Massachusetts eram integrantes armados da milícia. Nenhum tentou ajudar os soldados reais e nenhum se declarou neutro. Na verdade, se um terço da milícia fosse de monarquistas e outro terço fosse neutro, como já se afirmou, os Estados Unidos coloniais teriam sido cenário de uma terrível guerra civil. Isso nunca aconteceu.

É claro que havia *tories* (monarquistas que ficaram do lado da Grã-Bretanha); parte da classe alta de Nova York e da Filadélfia era favorável ao rei Jorge, mas era uma minoria pequena que se manteve quieta até os britânicos ocuparem essas cidades. Então, muitos se uniram a unidades como a Legião Britânica de Banestre Tarleton (quase totalmente americana). Os comerciantes de peles do oeste do antigo império das peles de Sir William Johnson se uniram aos seus sucessores, John e Walter Butler, na Legião Tory; e Sir John Simcoe, um dos fundadores do Canadá britânico, reuniu alguns *tories* do interior para formar os seus Tory Rangers. No entanto, todos esses *tories* eram minoria no Norte.

Havia mais *tories* no Sul, mas ainda assim eram minoria, embora entre eles houvesse algumas unidades genuínas da milícia. Mas eles não se tornaram *tories* porque queriam continuar a ser colônia britânica. Quando se começou a falar de independência, os grandes fazendeiros do leste das Carolinas aderiram, principalmente os produtores de arroz milionários da Carolina do Sul, que achavam que a Inglaterra restringia o seu comércio com a Europa. Sem a interferência britânica, eles logo se tornariam muito mais ricos. Os pequenos fazendeiros da área de Piedmont não gostavam dos grandes fazendeiros do Leste. Tinham as suas razões: os grandes fazendeiros do Leste que governavam as Carolinas, nomeavam os magistrados e xerifes do Estado todo e praticamente tiraram o direito de voto dos fazendeiros da região central dos dois Estados. O resultado foi uma guerra civil, chamada Guerra da Regulação, entre os "reguladores", a milícia de Piedmont, e os soldados do governo estadual. O governo venceu e, como os habitantes do leste eram *whigs* (que se opunham ao governo real), muitos ex-reguladores se tornaram *tories*.

Se alguém ficou neutro na colônia foram os "transmontanos" das Great Smoky Mountains (as grandes montanhas fumegantes). Tinham pouco a ver com os fazendeiros do Piedmont e com os grandes fazendeiros do Leste. Mas aí o governo britânico teve a brilhante ideia de atiçar os *cherokees* contra eles. Os transmontanos logo se tornaram *whigs* ardorosos.

Mito nº 10

O Fuzil Longo Americano era o Melhor do Mundo

Há quase tantas mentiras sobre o fuzil longo americano (também chamado de fuzil da Pensilvânia ou de Kentucky) quanto sobre o arco longo inglês. Conta-se que era capaz de uma exatidão fantástica: a arma mais precisa do mundo! Dizem que foi essa arma que permitiu às colônias britânicas pobres e pouco povoadas conquistar a independência do país mais poderoso do planeta.

Dizem que os britânicos não eram fuzileiros. Que as suas armas militares leves tinham exclusivamente cano liso (ou seja, a parte interior do cano não tinha raias para fazer o projétil girar). Que havia fuzis na Europa, mas eram pesados e desajeitados, nada parecidos com o esguio e elegante fuzil longo americano. Que os fuzileiros europeus tinham de enfiar os projéteis no cano pela boca, usando um soquete de ferro e um malho de madeira, e os sulcos do cano da arma podiam penetrar na bala de chumbo, o que reduzia tremendamente a sua cadência de fogo. Ao contrário, os engenhosos americanos envolviam o projétil ligeiramente menor em uma bucha ou trapo besuntado de graxa, que se acomodava adequadamente às raias e permitia que o projétil deslizasse cano abaixo, sem forçar. Entre os "hessianos" (nome dado a todos os soldados alemães alugados ao exército britânico pelos seus reis e príncipes) havia *jägers* (caçadores) que usavam fuzis em vez de mosquetes. Mas os *jägers*, com seus fuzis curtos e desajeitados, não eram páreo para os fuzileiros americanos.

A maior parte das "informações" acima não vem apenas de escritores patriotas americanos, mas também de oficiais britânicos contemporâneos. E é quase tudo lixo.

Em primeiro lugar, poucos americanos e até mesmo poucos britânicos tinham visto um fuzil europeu em meados do século XVIII. Quando a Guerra de Independência começou, eles viram em ação os fuzis dos *jägers*. De acordo com Robert Held, antiquário e especialista no fuzil longo americano, os *jägers* não eram caçadores, mas "conscritos decrépitos vendidos como gado e equipados com os restos gastos e decrépitos de fuzis, quase todos inservíveis"[1]. Mas no fim das contas, alguns *jägers* e seus fuzis talvez não fossem tão decrépitos assim. Na verdade, dizem que os atiradores *jägers* foram uma grave ameaça para os sitiantes de Yorktown. George Tucker, soldado continental naquele cerco (o exército continental era o exército revoltoso americano), falou da eficácia dos fuzis dos *jägers*: "Alguns tiros foram disparados [...] dos Redutos do Inimigo [...] A Execução foi muito mais do que se poderia esperar com a distância, a situação dispersa dos nossos homens e os poucos tiros dados"[2].

No entanto, os *jägers* com boa pontaria não eram tantos assim, e os oficiais britânicos ficaram bastante impressionados com a pontaria dos fuzileiros americanos. Um deles foi o major George Hanger, também fuzileiro talentoso. Hanger não era fã do mosquete britânico regular:

> O mosquete do soldado, se o cano não for excessivamente mal usinado (como muitos são), atingirá a

figura de um homem a 80 jardas; pode até conseguir a 100; mas o soldado tem de ser mesmo muito desafortunado para ser ferido por um mosquete comum a 150 jardas, desde que seu antagonista mire nele; e quanto a atirar em um homem a 200 jardas com um mosquete comum, pode-se igualmente atirar na Lua e ter a mesma esperança de atingir o seu objeto. Sustento e provarei, sempre que me for pedido, que nenhum homem jamais foi morto a 200 jardas pelo mosquete de um soldado comum, pela pessoa que nele mirou.[3]

Acostumado a essa precisão terrível, Hanger ficou impressionadíssimo com a mira dos fuzileiros americanos do outro lado. Ele foi aprisionado depois da Batalha de Saratoga e, antes de ser trocado, conseguiu conversar com fuzileiros americanos: "Perguntei muitas vezes aos americanos das florestas do interior o que os seus melhores atiradores conseguiam fazer; eles me disseram constantemente que um fuzileiro bem treinado, desde que consiga uma mira boa e reta [...] consegue atingir a cabeça de um homem a 200 jardas"[4].

Hanger recordou uma experiência própria: ele e o coronel Banestre Tarleton discutiam os planos de um ataque. Ambos estavam montados, assim como o corneteiro, ali para dar o sinal às tropas. Um fuzileiro americano apareceu e adotou a posição pronada a umas 400 jardas deles. Atirou, e o corneteiro disse: "Senhor, meu cavalo foi atingido". O animal cambaleou alguns passos, caiu e morreu. Visto da posição do fuzileiro, o corneteiro estava entre os dois oficiais, um pouco atrás. O coronel e o major rapidamente voltaram a se unir aos soldados.

O fuzil americano realmente dava ao projétil mais velocidade do que o fuzil europeu. Isso era necessário porque as condições de caça nos Alpes e na Pensilvânia eram bem diferentes. O sopé dos Alpes era habitado por javalis mal-humorados de grandes presas e 180 quilos, dados a ataques não provocados. O caçador precisava de um projétil pesado para deter essas feras, por isso os *jägers* usavam fuzis de calibre .70 e até .85. A caça alpina também exigia muita escalada, o que fica bem mais fácil com um fuzil mais curto, principalmente se tiver boldrié.

Nos Estados Unidos havia ursos cinzentos, mas não na metade leste do país. Havia ursos pretos, mas o caçador não precisava de um canhão como o fuzil europeu para deter um deles. Precisava de munição mais leve porque, na América, as caçadas costumavam envolver longas viagens, longe de cidades civilizadas. Para o fuzil europeu médio, meio quilo de chumbo só produzia 10 a 15 projéteis, enquanto meio quilo de chumbo produziria 40 ou 50 projéteis para o fuzil longo. A munição de calibre .45 ou .50 cuidaria tão bem dos ursos pretos quanto do mais perigoso morador das florestas, o nativo americano hostil. Esses projéteis precisavam de menos pólvora para a sua propulsão, e essa quantidade menor de pólvora podia lhes dar mais velocidade e, portanto, uma trajetória mais tensa. A trajetória mais tensa era importante quando o atirador não tinha tempo de calcular cuidadosamente a distância até o alvo. O caçador alpino geralmente tinha bastante tempo para isso, mas na luta com os nativos costumava ser necessário um tiro mais rápido.

Costuma-se acreditar que o cano longo do fuzil americano lhe dava mais precisão. Não é assim. Meros centímetros de cano dão direção ao projétil. Depois que ele se põe em movimento, só mudará de direção se alguma força externa, como o vento ou o choque com um ramo, agir sobre ele. O cano longo melhora a linha de visada, mas o efeito é pequeno quando o cano tem mais de 90 cm de comprimento. Também acreditava-se que o cano longo permitia que a pólvora queimasse de maneira mais completa, dando mais velocidade ao projétil. Mas, na verdade, no fuzil longo a pólvora já tinha se queimado quase toda antes que a bala sequer chegasse à boca. Nesse ponto, a fricção do cano longo começava a retardar o projétil antes que ele saísse da arma.

O general de brigada, Julian S. Hatcher, especialista internacional em material bélico, escreveu: "As experiências com armas de calibre .22 mostraram de forma conclusiva que pouca ou nenhuma precisão ou velocidade se ganha tornando o cano mais comprido do que dez polegadas [25 cm]"[5]. Os estudos modernos demonstraram que, na verdade, o cartucho do fuzil longo de calibre .22 perde velocidade quando o comprimento do cano excede os 40 cm. O fuzil longo americano usava uma carga de pólvora mais pesada do que um .22 moderno, mas a pólvora negra queima mais depressa do que a atual pólvora sem fumaça e, sem dúvida, já acabara de se queimar muito antes que a bala chegasse ao fim do cano de um metro.

Bem cedo na história do fuzil longo americano os armeiros aprenderam que esses canos ultralongos não contribuíam em nada para a eficiência da arma. Mesmo assim, os fregueses queriam canos longos, portanto era isso o que faziam.

É preciso notar que os fuzis longos americanos não foram distribuídos por nenhum governo. Eram propriedade estritamente privada. Eram feitos por encomenda e, basicamente, serviam de armas de caça. Não permitiam o uso de baioneta porque os homens que os encomendavam não queriam baionetas. Para a luta corpo a corpo, eles usavam facões compridos e machadinhas, úteis também em várias tarefas do dia a dia, enquanto as baionetas, não. Os homens da fronteira não tinham treinamento na luta de baionetas, mas eram bem hábeis na luta com facão ou machadinha.

Não nos esqueçamos daquela bucha engraxada. Os fuzis europeus feitos antes de 1580 têm na coronha compartimentos que contêm graxa. Em 1644, Diego Espinar escreveu um livro sobre caçadas com fuzil e besta chamado *Arte de Ballestería y*

Montería, no qual explicava com detalhes o uso da bucha para envolver a bala. Em outras palavras, os europeus usavam trapos besuntados nos seus fuzis um século antes de o fuzil longo americano nascer, portanto não foram eles que tornaram mais letais os fuzis americanos.

Além disso, a construção do fuzil longo americano não se comparava à dos fuzis europeus. De acordo com Robert Held, "os fabricantes até dos melhores exemplos [de rifle longo americano] não teriam obtido documentos de aprendiz caso apresentassem uma amostra às guildas de armeiros de Munique, Genebra ou Viena"[6]. Held descreveu os ferrolhos dos fuzis americanos como "ásperos, grosseiros e mal encaixados"[7], e citou o artigo de um entusiasmado atirador com fuzil longo que se gabava de dar 16 tiros antes que o fuzil negasse fogo; um fuzil londrino de pederneira de boa qualidade, escreveu ele, poderia atirar mil vezes ou mais sem negar fogo.

Oficiais regulares como o general "Mad" Anthony Wayne menosprezavam o fuzil americano. Wayne disse que nunca mais queria ver outro fuzil, pelo menos não sem baioneta, e mesmo assim preferiria o mosquete[8], porque a sua cadência de fogo era maior do que a de qualquer fuzil, inclusive dos que usavam a bucha untada. O mosqueteiro usava cartuchos de papel que continham pólvora e projéteis — geralmente, uma grande bola de chumbo e vários balins. Mordia-se uma das pontas do cartucho de papel, despejava-se um pouco de pólvora na caçoleta, depois o grosso da pólvora pelo cano da arma e enfiava-se o papel e as balas depois da pólvora. Já o fuzileiro despejava a pólvora guardada no chifre, punha um trapo untado sobre a boca e uma bala sobre o trapo e enfiava tudo para dentro por cima da pólvora. Mesmo com a bucha untada, a cadência de fogo do fuzil era de mais ou menos um tiro por minuto. O fuzileiro, então, podia dar apenas alguns tiros antes de limpar o cano, senão o carvão deixado pela pólvora negra o entupiria, tornando impossível carregar a arma.

As armas de cano liso não tinham esse problema. Um tratado militar inglês da época diz que, ao treinar mosqueteiros, "nenhum recruta deve ser isentado da instrução até que se torne tão hábil com a sua pederneira que carregue e dispare quinze vezes em três minutos e três quartos"[9]. Soldados mais velhos podiam atirar bem mais depressa.

Ainda assim, o fuzil era uma arma importante, ainda mais na semiguerrilha do Sul. Uma parte imensa da milícia sulista era de fuzileiros, e eles serviam de infantaria montada. Ao ver uma formação de infantaria britânica, eles amarravam os cavalos bem além do alcance dos mosquetes e atiravam com os seus fuzis. Se a infantaria tentasse arremeter, eles montavam e saíam do seu alcance. Os britânicos submetidos a essa tática ficaram impressionadíssimos com o fuzil longo americano, como sem dúvida aconteceu com o major Hanger. E como fuzileiro também, ele sabia apreciar o talento dos americanos do interior. Hanger não era o único fuzileiro do exército britânico; o major Patrick Ferguson também era, e ainda mais talentoso — além de ser o melhor atirador do exército britânico, ainda inventou um tipo superior de fuzil. Na verdade, o fuzil Ferguson era o aprimoramento de uma arma francesa de retrocarga, ou seja, carregada pela culatra. O bloco da culatra do fuzil era um parafuso gordo preso ao guarda-mato do gatilho. Um giro do parafuso abria a culatra. Então, o fuzileiro punha lá dentro uma bala e a pólvora. A cadência de fogo do fuzil Ferguson era muito maior que a dos fuzis longos.

Ferguson comandou uma companhia de franco-atiradores na Batalha de Brandywine. Em certo momento do combate, tinha na mira um oficial americano de alta patente, mas não conseguiu se forçar a atirar pelas costas em um homem de aparência tão nobre, e por isso não o fez. Pouco tempo depois, a bala de um mosquete americano o atingiu no braço direito. Ele perdeu o uso daquele braço e a possibilidade de voltar a usar fuzis. Há indícios de que o oficial em que ele não atirou era George Washington.

    Assim como o arco longo, o fuzil longo também não era o melhor do mundo. Só que, assim como os ingleses com os seus arcos, os americanos tinham muitos fuzis, mas os inimigos, não.

Mito nº 11

Na Guerra de Independência, os Soldados Americanos Raramente Lutavam sob Cobertura

Esse mito nasceu da tentativa de corrigir outra noção errada sobre a Guerra de Independência: a de que os americanos *sempre* se ocultavam atrás de muros e árvores enquanto os britânicos estúpidos se alinhavam em campo aberto e disparavam salvas seguindo as ordens.

Durante anos os historiadores refutaram essa ideia como mito. "O barão von Steuben não ensinava táticas indígenas" é um comentário comum. Infelizmente, isso depende de outro mito, ou seja, que os americanos perderam com frequência na primeira parte da guerra e, depois da instrução dada por Steuben em Valley Forge, o exército rebelde se tornou uma equipe vencedora. A verdade é que os rebeldes americanos venceram mais batalhas, inclusive uma decisiva em Saratoga (que convenceu França, Espanha e Holanda a entrarem na guerra contra a Grã--Bretanha) *antes,* e não depois da instrução de Steuben. Não que Steuben não prestasse um serviço valiosíssimo.

Ele conseguiu que todas as unidades do exército tivessem efetivo uniforme, o que ajudou muito o planejamento, e criou um manual de instrução militar único e constante. A questão é simplesmente que os soldados britânicos e alemães que combatiam eram mais especializados do que os americanos na tática linear.

Sobre a ideia de que os americanos quase sempre disparavam detrás de árvores ou muros de pedra, Harold L. Peterson, curador-chefe do Serviço de Parques Nacionais e de todos os locais históricos, além de autor de 19 livros sobre armas e armaduras históricas, disse: "Com exceção da Batalha de King's Mountain e da retirada de Concord, nenhuma grande batalha seguiu esse padrão"[1].

É claro que muito depende de quais batalhas são consideradas "grandes". E do que significa "padrão". Em várias bata-

Um atirador americano dispara de cima de uma árvore.

lhas, inclusive na campanha de Concord, os americanos usaram os dois tipos de tática.

Concord começou com a infantaria leve britânica atirando na formação de "luta nas ruas". Formou-se uma longa coluna de quatro homens de largura. A primeira fila atirou e correu para a retaguarda enquanto a segunda fila atirava. Essa formação possibilitava uma sequência contínua de fogo em uma rua europeia do século XVIII, estreita e ladeada de prédios. O problema é que Concord não tinha ruas estreitas ladeadas de prédios, mas casas espalhadas ao longo de caminhos estreitos. A milícia de Middlesex, 500 homens em coluna dupla, respondeu com uma saraivada longa e bem executada que atingiu 12 casacos-vermelhos — quatro morreram —, aterrorizando o resto. Até então, tudo era muito europeu. A milícia até marchava ao som de pifes e tambores.

A situação começou a mudar quando os homens do coronel britânico Francis Smith começaram a retirada para Boston. Algumas unidades da milícia saíram da floresta e dispararam salvas nos regulares, e outros atiraram de casas, muros de pedra e detrás de árvores. Hezekiah Wyman, de 55 anos, era velho demais para ser um *minuteman*, os velozes soldados da milícia americana, ou mesmo um miliciano comum, mas selou a égua branca e foi na direção do som dos disparos. Quando viu os britânicos, apeou, apoiou o mosquete na sela e atirou em um dos casacos-vermelhos. Depois, voltou a montar e foi em frente. Foi visto muitas vezes naquele dia: um homem alto e magro de cabelo grisalho e comprido em um cavalo branco. Toda vez que surgia, matava um soldado, voltava a montar e ia em frente.

Wyman era muito mais novo do que Samuel Wittemore, de 78 anos, já bem incapacitado. Quando soube que os britânicos estavam chegando, Wittemore pegou o mosquete, duas pistolas e uma espada, e se pôs atrás de um muro de pedra. Quando os soldados regulares chegaram ao seu alcance, Wittemore deu cinco tiros tão depressa que os britânicos acharam que havia vários homens atrás do muro. Um destacamento britânico atacou o muro. Wittemore matou um soldado com o mosquete e atingiu mais dois com as pistolas. Estendia a mão para o sabre quando os britânicos atiraram nele, furaram-no com baionetas e o deixaram como morto. Mas ele não morreu. Viveu até os 96 anos.

Os britânicos reagiam selvagemente a esse tipo de resistência. Matavam os combatentes que tinham aprisionado. Mais tarde, arrombaram casas ao longo da estrada, saquearam-nas, queimaram-nas e mataram quem estivesse lá dentro.

William Heath, general da milícia, assumiu o comando da tropa rebelde e cercou a coluna britânica. Heath, como Henry Knox, era um arguto estudioso teórico da guerra, embora não tivesse experiência prática. Não considerava "bárbaro" nem "boçal" o tipo de guerra que travava. A milícia americana usava táticas de infantaria leve que faziam parte da estratégia do exército britânico desde a Guerra Franco-Indígena, 20 anos antes. Cercar a coluna britânica com um anel móvel de pequenos grupos de soldados ("dispersos embora unidos", descreveu um participante) era uma tática clássica da infantaria leve e também da doutrina semiguerrilheira da Europa Oriental, como a dos cossacos, panduros e hussardos. Diante da vanguarda britânica, os soldados da milícia continuaram a atirar pelo caminho todo de volta a Charlestown, enquanto outros soldados vergastavam a retaguarda e os flancos da coluna. A maior parte dos tiros foi dada sob cobertura. Esse tipo de tiro era mais adaptado a terreno rochoso e coberto de floresta, como a maior parte do leste da América, enquanto linhas retas de soldados dando salvas rápidas eram mais eficazes em campo aberto, como as fazendas e pastos com que os europeus estavam acostumados.

Devido ao terreno, havia pouca cavalaria da milícia na Nova Inglaterra. Parte dela participou dos combates em Concord, mas lutaram como infantaria montada e não como cavalaria, apeando e atirando nos casacos-vermelhos com os mosquetes e depois voltando a montar para ocupar posições mais à frente, à espera de que o inimigo chegasse ao alcance.

O britânico general Gage, ao saber que as coisas não iam como planejado, mandou seu subordinado, Lord Percy, resgatar a coluna de Smith com reforços e duas peças de campanha. O lorde estava com tanta pressa que deixou de levar munição de reserva. Gage mandou seis carroças, conduzidas por granadeiros, levarem a Percy a munição de que precisava. Eles foram enfrentados por integrantes de uma "companhia de alarme", milicianos velhos demais para o serviço na linha de frente. Os granadeiros riram-se dos coroas que tentavam detê-los, principalmente por serem comandados por um negro velho. David Lamson, o negro velho, deu a ordem e os guerreiros em cima do morro atingiram o tenente que estava no comando, dois sargentos e um cavalo de cada parelha. Os granadeiros fugiram para salvar a vida e se renderam à primeira pessoa que viram: uma velha que trabalhava na horta.

Houve três tipos de soldados lutando pela independência: os continentais, que recebiam soldo do Congresso Continental; a linha estadual, paga pelos Estados; e a milícia, que não era paga. Mas nesse estágio da guerra havia apenas a milícia. Os continentais eram os mais bem treinados; a milícia, a menos treinada. A maior parte da instrução seguia a tática linear europeia padrão, principalmente porque era mais fácil de ensinar. Quando a luta se acirrava, a milícia tendia a esquecer a instrução e fazer o que lhe vinha naturalmente, o que, afinal de contas, era a base da recém-desenvolvida tática da infantaria leve.

A Batalha de Bennington, preliminar da decisiva Batalha de Saratoga, foi travada totalmente pela milícia do lado americano e, do outro, por "hessianos" alemães (na verdade, naturais de Brunswick), alguns *tories* a serviço dos britânicos e alguns nativos canadenses. Como parte da campanha de Saratoga, talvez Peterson não a tenha considerado uma batalha "grande", mas os americanos atiraram movendo-se de árvore em árvore, enquanto os alemães tentavam formar suas linhas na floresta e disparar salvas.

Burgoyne, vindo do Canadá, mandara esses soldados conseguirem suprimentos na floresta e, acima de tudo, recrutar os *tories,* que ele pensava serem numerosos na região. Não conseguiu suprimentos e os seus homens não encontraram nenhum *tory*. Os americanos nativos fugiram quase aos primeiros tiros e voltaram para o Canadá. Os alemães lutaram com bravura, mas foram praticamente aniquilados. Burgoyne perdeu 15% dos soldados regulares nesse recontro "menor".

George Washington nada tinha contra seus homens atirarem sob cobertura. Ele disse: "Ponham-nos atrás de uma elevação, parapeito, muro de pedra ou qualquer outra coisa que lhes dê abrigo, e com seu conhecimento da pederneira darão bom cabo do inimigo. [...] Mas estou igualmente convencido, como se o tivesse visto, de que não marcharão com bravura até uma fortificação nem ficarão de pé em uma planície". Assim, disse, "nunca poupei a pá nem a picareta"[2].

Na campanha de Concord, a "cavalaria" da Nova Inglaterra e principalmente os fuzileiros montados do Sul mencionados no capítulo anterior usavam a distância e a mobilidade para se proteger. O terreno era mais aberto em boa parte do Sul, com grandes fazendas e pastos amplos. Mas havia florestas, montanhas e pântanos, e líderes guerrilheiros como Francis Marion, o "Raposa do Pântano", usavam esse terreno com tanta eficiência quanto os camaradas do Norte usavam o deles.

Às vezes, como em Guilford Courthouse, as táticas lineares eram mais apropriadas. A maioria dos soldados de Saratoga — britânicos, continentais, linha estadual e milícia — usou táticas lineares. Os britânicos comandados por Benedict Arnold assim

Mito nº 11

fizeram quando ele os comandou em uma carga que tomou o reduto de Breymann. Os fuzileiros americanos de Daniel Morgan, não. Não poderiam; seus fuzis não tinham baioneta. Eles se infiltraram pela floresta em resposta às ordens que Morgan lhes deu com um pio de peru em vez de uma corneta.

Em um momento importantíssimo da batalha, pareceu que o brigadier Simon Fraser (esse posto militar ficava entre o de coronel e o de general) reunia os britânicos enfraquecidos. Morgan chamou o seu melhor atirador, Tim Murphy, e apontou Fraser. "Mate aquele oficial", disse. Murphy subiu em uma árvore (coisa nada fácil carregando um fuzil de 4,5 quilos e um metro e meio de comprimento) e atirou. O primeiro tiro passou pela crina do cavalo de Fraser. Murphy tinha um fuzil de cano duplo. Ele soltou um ferrolho e girou os canos. O segundo tiro lascou um pedaço da sela de Fraser. Os oficiais do Estado-maior de Fraser lhe imploraram que ficasse menos visível. O brigadier disse que generais têm de ficar visíveis. Murphy recarregou e atirou de novo. Atingiu Fraser no abdome. Os auxiliares levaram o oficial escocês para fora do campo de batalha e a linha britânica desmoronou.

Nessa guerra, talvez a batalha mais parecida com guerrilha tenha sido a de King's Mountain, onde outro comandante escocês foi morto por um fuzileiro. O pobre oficial foi o grande fuzileiro major Patrick Ferguson, que não podia mais usar a sua arma predileta. Ferguson era um dos poucos aristocratas britânicos capazes de encantar as pessoas comuns. Estava encarregado de formar uma milícia *tory* nas Carolinas e vinha obtendo sucesso extraordinário. Os fuzileiros falavam com outros fuzileiros que se sentiam oprimidos pelos fazendeiros ricos do litoral leste. Os líderes *whigs* achavam Ferguson mais perigoso do que o implacável Banestre Tarleton, o "Maldição Sangrenta". Ferguson não cometeu nenhum massacre como Tarleton nem enforcou nenhum civil como os outros líderes britânicos, mas tentou intimidar os *whigs* (que se opunham à Coroa) nas Smoky Mountains ameaçando arrasar suas terras.

Os "transmontanos" decidiram que tinham de se livrar de Ferguson. Pegaram os fuzis e os cavalos e partiram. Encurralaram Ferguson e seus *tories* americanos em King's Mountain. Ferguson sabia tudo sobre fuzis, mas quase nada sobre como usar um grupo grande de fuzileiros. Mandou os homens afinarem o cabo dos facões de caça para que pudessem enfiá-los na boca dos fuzis e usá-los como baionetas. Comandou carga após carga contra os fuzileiros *whigs*, que iam correndo de árvore em árvore, quer recuando, quer avançando. Uma bala de fuzil acabou com a sua carreira e os remanescentes do seu grupo se renderam.

Tarleton, o "Maldição Sangrenta", outro antiguerrilheiro britânico espetacular, conseguiu sobreviver à guerra, mas a sua "Legião Britânica" (que praticamente não continha nenhum britânico além dele e de George Hanger) foi destruída com outras unidades britânicas na Batalha de Cowpens — a última do americano Daniel Morgan e sua obra-prima tática.

Morgan tinha um exército misto — infantaria continental, infantaria estadual, milícia de mosqueteiros, milícia de fuzileiros e cavalaria continental — e usou táticas mistas. Um dos seus maiores temores era que os fuzileiros da milícia decidissem voltar para casa na hora errada. Lord Charles Cornwallis, comandante britânico do Sul, dera a Tarleton quase todas as suas unidades leves e o mandou atrás de Morgan.

Este o esperou em Cowpens, um grande pasto onde os vaqueiros costumavam deixar o gado antes de vendê-lo nas cidades. Estacionou 120 soldados armados de fuzis em pequenos grupos diante do resto da tropa. Atrás deles estavam o fuzileiros da milícia, depois os soldados continentais e a infantaria armada de mosquetes. Mais atrás ficava a cavalaria continental sob o comando de William Washington, primo do comandante em chefe. Depois da cavalaria, vinham os cavalos dos fuzileiros. E atrás de tudo havia o Broad River — o rio Largo, que merecia o nome que tinha. Seria improvável que os fuzileiros da milícia fugissem. Morgan pediu aos soldados dos pequenos grupos de vanguarda que mirassem com cuidado e recuassem devagar e atirando. Pediu à linha de fuzileiros atrás deles que desse dois tiros bem mirados antes de recuar. Os fuzileiros passariam pelas linhas da infantaria regular e formariam nova linha atrás dela.

Tarleton pensou em usar a cavalaria para romper os flancos americanos, mas não podia, porque o terreno não era adequado para a cavalaria e Morgan estacionara nos flancos guardas que podiam aproveitar a ampla cobertura daquela área.

Os britânicos atacaram os pequenos grupos de fuzileiros com uma carga de cavalaria. Não foi uma boa ideia, como perceberam os cavaleiros ao avistar seus camaradas caírem da sela atingidos por tiros. Deram meia-volta e galoparam de volta à linha. A infantaria britânica avançou e deu duas salvas, mas a maioria das balas passou por cima da cabeça dos americanos. Cada fuzileiro americano escolheu um alvo e atirou. Alguns conseguiram dar até cinco tiros antes de recuar. Os oficiais e sargentos britânicos caíram ao longo de toda a linha. Os mosqueteiros americanos atiraram. Sua salva foi mais eficaz do que a salva britânica anterior. Seguiram-se mais duas salvas americanas. Nesse momento, de acordo com o tenente Roderick MacKenzie, oficial britânico, entre um terço e metade da infantaria britânica caíra.

Quando uma unidade americana mudou de posição, o britânico 71º Regimento de Highlanders (o famoso Black Watch) achou que os adversários estavam recuando. Com um grito de alegria, correram à frente em uma turba desorganizada. Os americanos se viraram e dispararam uma salva. Outras unidades americanas deram outras salvas. Em choque, os Highlanders se renderam.

Então, Tarleton mandou a cavalaria contra ambos os flancos americanos. Washington tinha mais ou menos o mesmo número de cavaleiros, mas não os dividiu. Enfrentou as unidades de cavalaria britânica uma de cada vez. Expulsou uma do campo, depois a outra. Toda a força britânica começou a fugir em pânico.

Tarleton estava tão ansioso para pegar Morgan que levara os homens à velocidade máxima, sem sequer parar para comer no último dia da marcha. Morgan usou seus fuzileiros, que atiravam em posição pronada muito além do alcance dos mosquetes britânicos, para romper a coesão do inimigo e prejudicar a liderança. Enquanto avançavam, os britânicos enfrentaram sucessivas linhas de resistência e, finalmente, cederam psicologicamente.

Assim, a ideia de que, na Guerra de Independência, os americanos raramente lutavam sob cobertura é refutada pelo testemunho de George Washington e pelas táticas dos fuzileiros nas batalhas de Bennington, Saratoga e Cowpens.

Mito nº 12
Na Guerra de Secessão Americana Ocorreu o Primeiro Uso de Submarinos

Esse é um mito em que os interessados em história militar acreditam. As pessoas medianas, que pouca importância dão às guerras antigas, provavelmente acham que os submarinos surgiram na Primeira Guerra Mundial. É claro que foi devido às suas atividades que os Estados Unidos entraram naquela guerra.

Na Guerra de Secessão, tanto a União (o Norte) quanto a Confederação (o Sul) usaram submarinos. A maioria deles foi usada para lançar minas (ou torpedos, como eram chamadas naquela época). Um deles, o CSS *Hunley*, afundou um navio de guerra, o USS *Housatonic*, usando um "torpedo de verga", um explosivo na ponta de uma vara longa. Mas, mesmo naquela época, os submarinos não eram uma ideia nova. Os inventores vinham brincando com a ideia havia séculos. Robert Fulton, o inventor do barco a vapor, ofereceu-se para construir um para Napoleão. O imperador se interessou e Fulton construiu um submarino chamado *Nautilus* (nome depois aprovei-

Um submarino alemão aflora durante a Primeira Guerra Mundial. A guerra submarina alemã fez os Estados Unidos entrarem na Primeira Guerra Mundial. Os americanos usaram submarinos durante a Guerra de Secessão, mas o primeiro uso deles em guerras aconteceu na Guerra de Independência, quando a *Tartaruga Americana*, de Bushnell, não conseguiu afundar uma fragata britânica.

tado por Júlio Verne no seu submarino de ficção em *Vinte mil léguas submarinas*). No último minuto, Napoleão abandonou a ideia. Achou que usar submarinos não era lá muito correto. O imperador francês, embora talentosíssimo em estratégia e tática militar, tinha pouca fé em ideias militares novas. A França fora pioneira no desenvolvimento dos balões, mas Napoleão se livrou da frota de balões do país. Provavelmente, o submarino de Fulton seria bem-sucedido. O seu colaborador era David Bushnell, que construiu o primeiro submarino usado em combate.

A embarcação de Bushnell chamava-se *American Turtle*, a *Tartaruga Americana*. Entrou em ação em 6 de setembro de 1776, em uma tentativa de afundar a fragata HMS *Eagle* no porto de Nova York. A *Tartaruga* era uma embarcação estranha. Consistia de duas peças sólidas e curvas de madeira, meticulosamente ajustadas e seladas contra vazamentos. Tinha espaço para um homem, que entrava por uma escotilha no alto. Um leme lhe dava direção e havia uma hélice movida a manivela. O armamento era uma bomba presa em um trado à frente do submarino, que podia ser girado por dentro da embarcação. Em operação, ele deveria aproximar-se do *Eagle* com a escotilha aberta e pouco acima d'água. Não havia suprimento de oxigênio dentro da *Tartaruga* e a escotilha tinha de ficar aberta quase o tempo todo. Mas era tão pequena que seria muito improvável que alguém a visse à noite. Quando a *Tartaruga* se aproximasse do alvo, o operador fecharia a escotilha e usaria a hélice no alto da embarcação para mergulhar abaixo da superfície. O submarino enfiaria o trado no casco do navio-alvo e deixaria lá a bomba, ainda presa ao trado. Então, a *Tartaruga* se afastaria o mais depressa possível, aflorando e abrindo a escotilha. A bomba, que tinha um mecanismo mecânico de retardo, explodiria quando o submarino estivesse a uma distância segura.

Bushnell, capitão do exército continental, testou exaustivamente o submarino no rio Connecticut antes de levá-lo para Nova York. O seu irmão, Ezra, o pilotaria contra o *Eagle*, a nau capitânia britânica. A *Tartaruga* era diferente de tudo que havia na água, e Ezra teve de treinar muito. Então Bushnell teve o primeiro golpe de azar. Ezra caiu gravemente enfermo na noite anterior ao ataque. Outro homem, Ezra Lee, com muito menos experiência na operação da *Tartaruga Americana*, se apresentou como voluntário para ocupar o seu lugar.

Lee se espremeu pela escotilha minúscula e avançou lentamente rumo ao navio britânico. Mergulhou na hora certa e encostou o trado no casco do *Eagle*. Aí veio o segundo golpe de azar. O navio de guerra britânico tinha um revestimento de cobre abaixo da linha d'água para evitar cracas. O trado não perfurou o revestimento. O peso do submarino era insignificante comparado ao da fragata e a hélice girada a mão dava pouca força ao veículo — muito menos do que a necessária para forçar o trado a atravessar o cobre. Lee tentou de novo sem sucesso. Então, tomou profunda consciência do terceiro golpe de azar.

O detonador mecânico da bomba, inventado por Bushnell e seus amigos professores de ciências da Universidade de Yale, fora ajustado antes de o submarino partir. Lee não tinha como fazê-lo parar; abandonou o trado com a bomba presa e seguiu para a margem.

A bomba explodiu e os marinheiros britânicos acordaram. Eles içaram as velas e saíram do porto, sem saber que tipo de ataque faziam os rebeldes. Bushnell e o seu pessoal puseram o submarino em uma carroça e o levaram de volta à Nova Inglaterra.

Séculos depois, uma equipe de televisão construiu uma réplica do submarino de Bushnell e a usou em um documentário. Um crítico de televisão do jornal inglês *The Telegraph* acusou o programa de fraude, dizendo que a pretensão de Bushnell de ter inventado um submarino não passava de propaganda. Na medida em que a operação toda era secretíssima e nada foi falado a seu respeito até depois da guerra, é difícil ver como poderia ter sido propaganda. Seja como for, foram construídas pelo menos duas réplicas da *Tartaruga Americana,* e ambas funcionaram.

Depois da guerra, Bushnell apresentou ao Congresso uma petição solicitando algum tipo de reconhecimento. George Washington elogiou Bushnell pela invenção, embora o azar o impedisse de conseguir alguma coisa. Mas o Congresso nada fez. Bushnell foi para a França, onde se uniu a Robert Fulton para construir o submarino que Napoleão rejeitaria. Profundamente desapontado, ele voltou aos Estados Unidos, mudou o sobrenome para Bush e se mudou para longe de Connecticut. Só em 1824 os moradores de Warrentown, na Geórgia, souberam que o Dr. Bush, que ensinava ciências e religião na escola secundária local, era na verdade David Bushnell, o inventor da Guerra de Independência.

Mito nº 13

Em Yorktown, a Banda de Música Britânica Tocou "The World Turned Upside Down"

Pergunte a qualquer aluno americano da escola secundária como foi a rendição dos britânicos em Yorktown e ele responderá que o pessoal de Cornwallis partiu marchando calado enquanto a banda tocava uma música solene chamada "The World Turned Upside Down" — "O mundo de cabeça para baixo". Houve várias composições com esse título ou que usaram esse verso. Variam de uma canção composta em 1646 na Inglaterra para protestar contra a política de Oliver Cromwell a outras posteriores que visavam a entreter o público no teatro de variedades.

Em *Rabble in Arms* [Ralé em armas], Kenneth Roberts cita a letra de uma canção do teatro de variedades com o refrão: "O mundo virou de cabeça para baixo", que de solene não tem nada. É uma cançoneta cômica na qual o cantor revela o seu sucesso com o belo sexo até que, "Arranjei-me uma esposa e o mundo virou de cabeça para baixo". Roberts era romancista histórico e renomado pelas suas pesquisas, de modo que, provavelmente, a música que, segundo ele, foi tocada durante a rendição devia ser a mais popular de todas na Grã-Bretanha e nos Estados Unidos. Mas no livro, ele faz a banda britânica tocá-la depois que Burgoyne se rendeu após a Batalha de Saratoga, em 1777 — quatro anos antes da rendição de Cornwallis.

Na verdade, não há registro do que as bandas britânicas tocaram nas *duas* rendições. O desfile dos exércitos perdedores levou tanto tempo que as bandas tiveram tempo de tocar mais músicas. Isso nos leva às estranhas cerimônias que marcavam as rendições formais no século XVIII.

Quando o inimigo lutava com bravura antes de ser sobrepujado, era costume que o vitorioso concedesse ao vencido as "honras de guerra". Nesse caso, o exército perdedor saía mar-

Soldados britânicos se rendem em Trenton. A história de que, na rendição final em Yorktown, a banda de música britânica tocou "O mundo virou de cabeça para baixo" é um mito comprovado.

chando de mosquete ao ombro, com as bandeiras desfraldadas e as bandas tocando as músicas do inimigo. Então, os soldados vencidos empilhavam as armas e se tornavam prisioneiros de guerra. No caso dos soldados comuns, isso podia significar, na pior das hipóteses, o confinamento nas terríveis "prisões flutuantes", navios usados como cadeia. Para os oficiais, o aprisionamento era muito mais confortável. Os oficiais muitas vezes recebiam "liberdade condicional" (os praças, menos). Isso significava que eram libertados com a promessa de não participar mais da guerra. Os prisioneiros inimigos também podiam ser "trocados" pela libertação de prisioneiros do outro lado. Também era possível trocar prisioneiros em liberdade condicional, mesmo que morassem em casa. Nesse caso, ficavam livres para voltar às forças armadas e continuar lutando. Depois da captura de Charleston, Sir Henry Clinton concedeu liberdade condicional à milícia rebelde. Pouco depois, revogou a concessão e declarou que agora os ex-rebeldes poderiam se alistar nas forças do rei. Isso foi considerado pelos rebeldes um grave crime de guerra.

Quando não recebiam honras de guerra, os vencidos largavam as armas em seu campo e saíam marchando desarmados, com as bandeiras enroladas. A banda não tocava a música dos vitoriosos, mas canções do próprio país.

Quando o general Benjamin Lincoln entregou Charleston aos britânicos, ao se render a Sir Henry Clinton, este, por pura grosseria, não lhe concedeu as honras de guerra. Assim, no ano seguinte, ao se render, Cornwallis também não recebeu honras de guerra.

A humilhação de ser vencido e não receber honras de guerra foi tão grande que Cornwallis alegou estar doente para não comparecer à rendição. Em seu lugar, mandou o general Charles O'Hara, segundo no comando. Este tentou entregar a espada ao general Jean-Baptiste de Rochambeau, mas o oficial francês disse que George Washington estava no comando. O'Hara foi até Washington, mas o general americano se recusou a aceitar a espada de um subordinado e encaminhou O'Hara a Benjamin Lincoln, trocado depois da rendição em Charleston e que agora era o segundo no comando.

Quando os britânicos saíram de Yorktown, a sua banda só tocou músicas britânicas.

Mas quais foram, não sabemos. A primeira menção a "O mundo virou de cabeça para baixo" surgiu em 1822, 41 anos depois da rendição, no volume II de *Anecdotes of the American Revolution*, de Alexander Garden[1].

Os britânicos tocarem "O mundo virou de cabeça para baixo" é uma boa história, mas provavelmente nunca aconteceu.

Mito nº 14

Na Guerra de Secessão, os Soldados do Norte Sempre Foram mais Numerosos que os do Sul

De acordo com o historiador Fletcher Pratt, muitos habitantes do Sul dos Estados Unidos acreditam que as forças do Norte sempre foram mais numerosas do que os confederados na razão de três para um. Segundo ele, essa crença é tão sagrada para eles quanto a Santíssima Trindade[1]. Também há certa base para isso.

A população branca dos estados do Sul em secessão era de 5,5 milhões de habitantes. A dos estados do Norte, chamados "estados livres" ou da União, era de 18,9 milhões[2]. Ao se deduzir dos estados livres a população negra — porque a guerra já estava bem adiantada quando os negros puderam se alistar —, os estados livres ficam com uma vantagem de pouco mais de 3 para 1.

Do início ao fim da guerra, o exército da União alistou um total de 2.489.836 brancos. Mais para o fim desta, alistou mais 178.975 negros. Alistou também 3.530 americanos nativos. Isso representa um total de 2.672.341 ho-

107

Um soldado da União em uma gravura do século XIX.

mens[3]. Nunca houve tudo isso em um só momento. Soldados morrem e, na Guerra de Secessão, proporcionalmente a mais sangrenta guerra americana, uma quantidade imensa deles morreu. Muitos soldados de ambos os lados também desertaram. Alguns também se alistaram várias vezes para receber bônus de alistamento que eram pagos por alguém que contratava substitutos para não se alistar.

Estimar o tamanho do exército confederado, o exército do Sul, é ainda mais difícil, porque a Confederação não mantinha registros. A estimativa de alistamento confederado varia de 600.000 a 1.400.000. Uma estimativa comum calcula os alistados confederados em 750.000. Isso ainda daria à União uma vantagem um pouco melhor do que 3 para 1.

A União tinha mesmo mais homens em armas do que a Confederação, porque era muito mais populosa. No entanto, havia muitos escravos na Confederação, muito embora apenas três quintos deles fossem contados como parte da população para determinar a representação no Congresso e, na maioria dos outros registros, fossem simplesmente ignorados. Havia escravos em quantidade suficiente para manter o funcionamento dos estados do Sul enquanto a maioria dos homens livres combatia.

Na maior parte das principais batalhas da Guerra de Secessão, as forças da União tinham vantagem numérica, mas raramente se aproximaram da margem mística de 3 para 1. Em

Mito nº 14

Antietam, por exemplo, o general nortista, McClellan, tinha 84.000 soldados e o general sulista, Lee, 65.000 (embora McClellan achasse que Lee tinha 110.000)[4]. Em Gettysburg, Meade, general nortista, tinha 88.000, e Lee, 75.000[5]. Em nenhum dos casos houve algo parecido com uma proporção de 3 para 1, sequer de 2 para 1.

Os inconformados com o resultado da guerra que ainda acreditam na superioridade numérica de 3 para 1 dos estados do Norte ignoram a receita de vitória de um dos generais mais talentosos da Confederação: "Chegue primeiro e com mais gente", disse o general Nathan B. Forrest[6]. Ele costumava vencer as suas batalhas, logo deve ter chegado lá com mais gente várias vezes.

Na guerra, o efetivo é importante, mas não é tudo. Na Batalha de Chickamauga Creek, ambos os lados provaram isso. A batalha ocorreu em uma época infeliz para a Confederação. Grant, general nortista, tomara Vicksburg, dera à União o controle do rio Mississippi e efetivamente cortara ao meio a Confederação. Mais ou menos na mesma época, Meade, em Gettysburg, rechaçara Lee na sua segunda invasão do Norte.

Mas o efeito das duas batalhas foi frequentemente exagerado. Havia pouquíssima comunicação entre as seções leste e oeste da Confederação. A população do Leste era muito mais numerosa, e era lá que estava a maioria dos portos e quase todas as fábricas. Embora tenha sido chamada de batalha decisiva, Gettysburg não foi mais decisiva do que a do riacho Antietam. Ambas simplesmente provaram que Lee não conseguiria ocupar o Norte — mas ele nunca tentou isso. A batalha que se pode considerar mais decisiva não se configurava nem no Leste nem no Oeste: um exército da União, comandado por William Rosecrans, avançava rumo a Chattanooga. Diante dele, havia um exército confederado um pouco menor comandado por Braxton Bragg.

Bragg tinha um ponto fraco grave para um general: amava os seus soldados e detestava vê-los morrer. Certa vez, alquebrou-se e chorou com a ideia de abandonar um hospital cheio de feridos para os ianques que avançavam. Esse ponto fraco o deixou cauteloso. Recuou diante de Rosecrans, na esperança de atraí-lo para uma armadilha. A retirada tornou Bragg impopularíssimo, principalmente nos jornais sulistas. Foi acusado de trair a Honra do Sul. Ele não se importou. Era soldado, não político.

William Rosecrans também era soldado, e dos bons. Fingiu que tentava contornar o flanco direito de Bragg marchando pelos pinheirais "intransponíveis" a leste. Bragg não se deixou enganar e repeliu o ataque de Rosecrans perto de Shelbyville. Quinze dias depois, os soldados ianques saíram dos pinheirais na retaguarda de Bragg. Rosecrans fingira não uma só vez, mais duas — primeiro nos pinheirais, depois em Shelbyville. Em seguida, sob a cobertura de um aguaceiro, marchou pelo pinheiral.

Em Chattanooga, Rosecrans usou novamente um ardil para atravessar o rio Tennessee e chegar à retaguarda da tropa de Bragg. Este recuara para a Geórgia e conseguira que Robert E. Lee lhe mandasse James Longstreet com o seu corpo. Na Guerra de Secessão, as ferrovias tiveram um papel sem precedentes, e reforçar Bragg foi uma de suas grandes façanhas. Os homens de Longstreet vinham da Virgínia; soldados que escaparam dos ianques depois da queda de Virgínia vieram do Mississippi; uma guarda confederada de retaguarda chegou do Kentucky. Agora os ianques estavam claramente em inferioridade numérica.

Enquanto isso, Bragg recrutara voluntários bravos e inteligentes. Deviam se deixar capturar pelos ianques para lhes dizer que o exército de Bragg fora derrotado e, agora, era uma turba quase sem líder a percorrer as montanhas. Tinham de ser bravos porque, nos campos de prisioneiros da Guerra de Secessão,

Mito nº 14

morrer de fome ou doenças era mais provável do que morrer em combate.

Os 57.000 soldados de Rosecrans correram para as montanhas atrás do inimigo supostamente derrotado. Bragg planejava esmagá-los com um exército reforçado de 66 mil a 70 mil homens. Uma divisão da União, a de Negley, estava bem à frente do corpo principal de Rosecrans. Bragg ordenou a Leonidas Polk, bispo episcopal na vida civil, que mandasse a divisão de Hindman para deter Negley, e disse a D. H. Hill (como Longstreet, veterano do exército do norte da Virgínia, comandado por Lee) que mandasse a divisão de Cleburne para destruir os soldados da União.

Nada aconteceu. Bragg ordenou que Simon Bolivar Buckner levasse duas divisões do seu corpo e se unisse a Hindman. Depois, Bragg perguntou a Hill onde estava Cleburne. Hill disse que o general de origem irlandesa estava doente. Bragg foi até a área de Cleburne e encontrou o irlandês gozando de perfeita saúde e espantado que alguém achasse que estava doente. Enquanto isso, Hindman e Buckner decidiram que tinham um plano melhor do que o do general comandante. Enquanto mandavam um mensageiro para obter aprovação para o plano, Negley recuou.

Nessa hora, Rosecrans já percebera que não perseguia uma turba em pânico. Ordenou que os soldados fechassem a linha e guardassem a estrada para Chattanooga. Bragg percebeu que não podia depender dos subordinados para executar manobras complicadas. O seu plano de ataque era tão simples que ninguém poderia dizer que não tinha entendido. Ao amanhecer, a divisão mais à direita na linha, um dos corpos de Polk, atacaria. Assim que ouvisse os tiros, a divisão à esquerda daquela atacaria, depois a divisão logo à esquerda e assim por diante. Muitos soldados morreram, mas o ataque não progredira.

O "Velho Pete" Longstreet não era um gênio, mas também não era imbecil. Sabia que esse plano idiota logo eliminaria a vantagem numérica de Bragg. Com as suas divisões, formou uma longa coluna. Eles se concentrariam em um único ponto da linha da União e a romperiam.

Pouco antes de chegar a vez de Longstreet atacar, um oficial do Estado-maior da União, cavalgando atrás da linha, passou pelo setor da divisão do general nortista Brannan, que estava na floresta; ele não conseguiu vê-la. Quando chegou ao quartel-general de Rosecrans, disse que havia uma brecha ao sul da divisão de Reynolds. Rosecrans, ocupado tentando dirigir a batalha, ordenou, sem pensar direito: "Mande o general Wood fechá-la"[7].

Wood obedeceu à ordem; e isso criou uma brecha real na linha da União, bem diante da divisão de Longstreet. Os homens de Longstreet se enfiaram pela brecha e toda a ala direita de Rosecrans se desfez.

Este seguiu a ala direita e tentou reorganizá-la. James A. Garfield, o seu chefe do Estado-maior, lhe disse que o seu lugar era ali, com o grosso do exército, para evitar a derrota. Ele, Garfield, se uniria à ala esquerda, sob o comando de George Thomas, virginiano que se recusara a ficar do lado dos secessionistas, para garantir que Thomas recebesse o que precisasse. (Depois da guerra, Garfield foi eleito presidente, em parte por afirmar que ficara com Thomas em Chickamauga quando o general comandante fugiu.) Enquanto isso, Thomas, com menos da metade do exército que antes já estava em desvantagem numérica, repelia um ataque atrás do outro. Os seus homens estavam ficando sem munição.

— Fixar baionetas — ordenou "Old Pap" Thomas. Os homens repeliram o ataque seguinte, muitos deles com armas brancas. Quando escureceu, Longstreet pediu a Bragg que lhe mandasse homens do corpo de Polk. Disseram-lhe que Polk perdera tantos soldados que não havia nenhum disponível. Depois do anoitecer, Thomas levou seus homens em boa ordem de volta a Chattanooga.

Os soldados confederados tinham todas as vantagens — surpresa, posição e enorme superioridade numérica —, mas não conseguiram esmagar o corpo de Thomas. Tecnicamente, obtiveram uma vitória. O quanto tinham perdido só ficou visível mais tarde.

Bragg sitiou Chattanooga. Grant e o seu exército vieram de Vicksburg romper o cerco. Pelas montanhas, ele mandou um comboio de suprimentos para a guarnição de Chattanooga. Os sitiantes confederados tentaram detê-lo, mas foram derrotados — não pela infantaria da União, mas por algumas mulas assustadas que dispararam. Depois disso, não houve tentativas de fechar a *"cracker line"*, a "linha das bolachas". Bragg contentou-se em ocupar os pontos altos no lado sul do rio Tennessee, de onde os canhões poderiam dominar todos os arredores de Chattanooga.

Grant decidiu romper o cerco. Mandou contra os sitiantes "Fighting Joe" Hooker (o Joe Combatente) e William T. Sherman, do exército de Vicksburg. Hooker foi detido por um pântano inundado, e Sherman, por um território não mapeado e por Pat Cleburne, o melhor comandante divisionário da Confederação. Thomas, que substituíra Rosecrans, faria uma operação diversionária abaixo de Missionary Ridge. Os soldados de Thomas tomaram os postos avançados no sopé do morro e caíram sob o fogo vindo do alto.

Missionary Ridge é uma montanha íngreme e pedregosa que um homem sem bagagem, usando ambas as mãos, consegue escalar em metade de um dia. Alguns soldados começaram a subir. Philip Sheridan, general da União, ergueu uma garrafa de uísque e fez um brinde aos defensores do morro, que atiraram nele com o canhão.

— Aqueles malditos são ingratos — disse Sheridan. — Só por isso tomarei aquele canhão. Ele começou a subir e todo o exército de Thomas foi atrás. No alto do morro, os confederados largaram os fuzis, abandonaram os canhões e correram pela encosta oposta abaixo. Bragg tentou reuni-los. Eles o ignoraram.

"Não se pode dar nenhuma desculpa satisfatória para a conduta vergonhosa da tropa à esquerda [de Missionary Ridge] ao permitir que a sua linha fosse rompida", relatou Bragg. "A posição era daquelas que têm de ser mantidas com uma linha de pequenos grupos de soldados contra uma coluna de assalto."[8]

D. H. Hill deu uma explicação: "Depois de Chickamauga, o élan do soldado sulista nunca mais foi visto"[9].

Anos depois, em uma reunião de veteranos de Chickamauga, um confederado deu a um unionista uma explicação mais pé-no-chão: "Vocês, ianques, mexeram com as nossas entranhas".

Mito nº 15
As Únicas Aeronaves da Guerra de Secessão foram Balões Ancorados

Quase todo mundo sabe que a Guerra de Secessão foi a primeira guerra americana a usar aeronaves. E todo mundo sabe que essas aeronaves eram balões presos ao chão.

Em 18 de julho de 1861, Thaddeus Sobieski Constantine Lowe comandou o balão *Enterprise* enquanto um operador de telégrafo mandava a primeira mensagem do ar para a terra da história. Três meses e meio mais tarde, Lowe foi promovido a "astronauta-chefe" do novo "Corpo de Balões" do exército do Potomac. Os sete balões do corpo foram de grande ajuda; seus observadores conseguiam localizar posições inimigas, ver onde caíam as granadas de artilharia e relatar o que viam ao pessoal em terra. Em geral, ficavam ancorados, mas para acompanhar o exército durante a Campanha Peninsular do general George B. McClellan, eles foram presos a uma balsa de carvão que se movia pelo rio.

Balões ancorados como este foram as únicas aeronaves oficiais da Guerra de Secessão, mas a União perdeu a oportunidade de obter um veículo muito mais formidável.

Esses balões da Guerra de Secessão são bem conhecidos. De fato, muita gente acha que foram as únicas aeronaves em existência durante a guerra. A verdade é que os balões ancorados foram apenas as únicas aeronaves *usadas* na Guerra de Secessão. Mas houve outra aeronave: um dirigível veloz e manobrável que foi oferecido ao governo e rejeitado. Os detalhes da aeronave e da razão da rejeição são misteriosos e, um século e meio depois, esse mistério ainda não foi totalmente revelado. Mas não há dúvida de que funcionava; seus voos foram assistidos e descritos nos jornais. Depois da guerra, o dirigível chegou a levar passageiros.

Por fora, não havia nada misterioso no Dr. Solomon Andrews, de Perth Amboy, Nova Jersey, o inventor da aeronave. Era filho de um ministro presbiteriano e médico praticante interessado em engenharia. Também era um homem bem-sucedido. Cumpriu três mandatos como prefeito de Perth Amboy, foi Coletor do Porto e presidente do Conselho de Saúde da cidade. Construiu os primeiros esgotos sanitários de Perth Amboy e considera-se que salvou a cidade natal de epidemias de cólera

Mito nº 15

e febre amarela. Além disso, Andrews inventava coisas. Entre as suas 24 invenções que deram certo, há uma máquina de costura, um fogão, uma máquina de fazer barris, um lampião a gás e um cadeado.

Para promover o cadeado, ele pôs mil dólares em dinheiro em uma caixa, acorrentou a caixa a um poste de luz no centro de Nova York e a trancou com o dispositivo. Depois anunciou que quem conseguisse abrir o cadeado poderia ficar com o dinheiro. Todos os arrombadores de Nova York tentaram e nenhum conseguiu. O Dr. Andrews apurou 30.000 dólares com a venda do cadeado.

Em 1849, ele começou a trabalhar na sua aeronave. Mais tarde, disse que cometeu muitos erros, mas aprendeu com eles. Usando um modelo em escala, aprendeu a pilotar a invenção da maneira mais discreta possível. Em 5 de setembro de 1862, estava pronto para levá-la a público.

Não poderia ter escolhido uma hora melhor. Washington estava em pânico. Stonewall Jackson castigara o exército da União na segunda Batalha de Bull Run, e Robert E. Lee começara a primeira invasão do Norte. Canhoneiras confederadas foram avistadas no rio Potomac. Andrews disse a Edwin Stanton, secretário da Guerra, que poderia construir uma máquina voadora capaz de enfrentar os ventos mais fortes, penetrar 15 quilômetros pelo ar em território confederado e voltar. Stanton o encaminhou ao Escritório de Engenheiros Topográficos para descrever a invenção.

— Quanto custará? — perguntou um certo capitão Lee, um dos engenheiros.

— Não mais de 5.000 dólares, e garanto: é sucesso ou nenhum pagamento[1].

— Que força motriz o senhor usará, Dr. Andrews? — perguntou outro engenheiro.

— A gravidade — disse Andrews. E não deu mais explicações.

Parece que o escritório não se convenceu. O relatório foi: "o aparelho parece ser engenhoso em alto grau, mas não estamos totalmente convencidos de sua utilidade prática"[2].

Incapaz de convencer os engenheiros da validade da sua teoria, Andrews voltou para casa e construiu uma aeronave em tamanho real. Chamou-a de *Aereon*, que significa "a era do ar".

O *Aereon* consistia de três balões em forma de salsicha, cada um com 4 metros de diâmetro e 24 de comprimento. Cada balão tinha sete células internas para impedir que o enchimento de hidrogênio se movimentasse. Pendurado debaixo dos três balões havia um cesto com 40 cm de largura e 3,5 metros de comprimento. Também debaixo dos balões havia um "carro de lastro" sobre trilhos. Para mergulhar, o operador movia o lastro para a frente; para subir, movia-o para trás. Para manobrar lateralmente, a aeronave tinha um leme.

No final de maio de 1863, Andrews se espremeu na cesta e berrou para o pessoal de terra: "Podem soltar!"[3].

O veículo de Solomon Andrews, com sua aparência desengonçada, subiu graciosamente até uma altura de 60 metros. Sobrevoou o campo, aparentemente soprado pelo vento. Então deu meia-volta e voou contra o vento. Alguns minutos depois, deslizou até o pessoal em terra, que segurou os cabos de atracação enquanto Andrews saía do cesto.

Andrews fez mais alguns voos de prova. Decidiu que as células internas eram desnecessárias e as tirou. Isso tornou o veículo 80 kg mais leve. O leme de 1,5 m² parecia sensível demais, e ele o reduziu. Descobriu também que, deslocando o seu peso no cesto, conseguia mudar a direção vertical do *Aereon*, de modo que o carro de lastro era desnecessário.

A notícia do estranho balão começou a se espalhar pelo norte de Nova Jersey e pela cidade de Nova York. Andrews convidou alguns céticos importantes para uma demonstração do *Aereon* aprimorado. Ele subiu alto no céu e sobrevoou o mar, depois deu meia-volta e retornou, de acordo com uma testemunha, "mais depressa do que uma bala de canhão"[4].

Quando Andrews pousou, os ex-céticos deram vivas.

Andrews planejou convencer o Departamento de Guerra voando com o *Aereon* de Perth Amboy até Nova York. No entanto, um amigo advogado avisou-o que, muito embora tivesse sido rejeitado, o dirigível era "contrabando de guerra", e um voo público, ao contrário dos testes semiprivados que fizera, poderia dar aos agentes confederados informações sobre como funcionava a aeronave.

Em 26 de agosto de 1863, Andrews escreveu a Abraham Lincoln. Disse que faria mais um teste no qual derrubaria todo o lastro para ver com que velocidade sua invenção conseguiria voar. Depois a destruiria, para que os confederados não fossem capazes de copiá-la. Pediu ao presidente que selecionasse "alguma pessoa adequada, quanto mais científica e prática, melhor, e a mande aqui para que possa examinar a máquina e assistir à prova"[5].

Não recebeu resposta.

Andrews decidiu fazer o teste assim mesmo, sem testemunha presidencial.

Os boatos sobre a estranha aeronave eram generalizados e uma grande multidão apareceu para assistir ao voo. Estavam presentes repórteres de vários jornais de Nova York.

Uma testemunha, James Allen, que fora para caçar, espantou-se quando Andrews deu meia-volta com o *Aereon*. "É tão fácil quanto virar um vapor!", gritou[6]. Depois de pousar, Andrews cortou fora o cesto dos balões e removeu todo o lastro. Depois, jogou o leme para o lado e soltou a sua invenção. O *Aereon* disparou em espirais de pouco mais de um quilômetro de diâmetro.

Um repórter do *Herald* de Nova York escreveu que a aeronave viajava a pelo menos 190 km/h. É claro que, em 1863, ninguém jamais vira nenhum tipo de veículo viajar a 190 km/h. Ellis C. Waite, arquiteto que ajudara Andrews, disse: "Nunca vi nenhuma embarcação, vagão de trem ou nenhuma outra coisa de magnitude ir tão depressa"[7].

A aeronave fez espirais a favor e contra o vento. A cerca de 3.000 metros acima da terra, entrou em uma massa de nuvens e nunca mais foi vista.

O *Herald* de Nova York chamou o *Aereon* de "invenção mais extraordinária da época", mas o *Times* de Webster, Massachusetts, alertou que "com tal máquina nas mãos de Jefferson Davis, os exércitos em torno de Washington serão impotentes para defender a capital"[8].

Estimulado, Andrews foi atrás do Departamento de Guerra. Finalmente, conseguiu uma entrevista pessoal com o presidente Lincoln. Falou a Lincoln do último teste. O presidente perguntou se havia testemunhas. Quando Andrews disse que sim, Lincoln lhe pediu que mandasse "quatro ou cinco pessoas respeitáveis me escreverem o que viram. Então agirei".

Andrews pediu a cinco testemunhas "respeitáveis", profissionais liberais e funcionários públicos, que escrevessem ao presidente.

Não teve mais notícias.

Em janeiro de 1864, ele apresentou uma petição ao Senado e à Câmara de Representantes e disse que, se não fossem tomadas providências, sobrevoaria Washington com uma nova aeronave. Finalmente, permitiram-lhe que fizesse uma demonstração diante dos comitês militares da Câmara e do Senado. Ele apareceu com um modelo de borracha da aeronave que media 1,20 m e voou pela sala. Ele instalou o leme em ângulo e o pequeno dirigível voou em círculos. Os congressistas pediram ao secretário de Guerra que nomeasse uma comissão científica para examinar a invenção de Andrews e fazer um relatório.

Andrews tinha certeza de que sua invenção seria aceita.

Mas, novamente, o tempo se passou sem notícias de Washington.

Quando investigou, Andrews descobriu que as cartas das testemunhas a Lincoln tinham se extraviado e nunca chegaram ao presidente. E o relatório da comissão científica nunca chegou a Stanton, o secretário de Guerra. Finalmente, recebeu uma carta de um integrante do Comitê Militar da Câmara interessado na invenção e disse que sua luta para que fosse aceita era um "esforço desesperançado contra a dúvida e o preconceito"[10].

A guerra estava quase terminada e ninguém se interessava pela maravilhosa invenção de Andrews.

E ele teve mais azar. Caiu de uma carruagem e quebrou o braço. Enquanto se recuperava, escreveu um livro chamado *The Art of Flying* [A arte de voar]. Defendia que a diferença de gravidade específica entre o balão e a atmosfera podia ser usada para mover a aeronave em qualquer direção. O problema é que ninguém conseguia entender a sua teoria.

Andrews fundou uma empresa aérea comercial e planejou fazer voos com passageiros entre Nova York e Filadélfia. Construiu uma nova aeronave que tinha apenas um balão — uma enorme bolsa de gás oval, pontuda nas duas extremidades. Voou sobre Nova York levando consigo os dois sócios seus na Aerial Navigation Company, C. M. Plumb e G. Waldo Hill. O voo criou sensação na cidade. O *Aereon II* subiu até 1.800 metros e sumiu nas nuvens. Apareceu de novo, sobrevoou o estreito de Long Island e pousou em Astoria.

Andrews levou Plumb de novo em outro voo sobre a cidade. Mais uma vez, provocou sensação e inspirou reportagens nos jornais. Mas a Aerial Navigation Company ficara sem dinheiro, estava muito endividada e foi ignorada pelos investidores. O Dr. Andrews voltou à prática da medicina e continua a ser a única pessoa da história a pilotar um dirigível contra o vento sem motor — e o fez, não nos esqueçamos, na época da Guerra de Secessão.

MITO Nº 16
A Última Defesa de Custer foi a Última porque os Índios Tinham Armas de Repetição

Esse mito apareceu em inúmeros filmes e programas de televisão. Pode ser popular porque todos gostam de ouvir falar de tropeços do governo. Para alguns, é questão de fé que a empresa privada consegue fazer tudo com mais eficiência do que o governo. Na verdade, em 1876, quando Custer e os seus homens foram para o rio Little Bighorn, havia muitos fuzis de repetição, só que fabricados para venda a caçadores e outros indivíduos com necessidade de um fuzil. Os soldados federais não os usavam.

Houve alguns erros graves relativos a armas, mas o Departamento de Guerra não os cometeu. O general Alfred Terry, oficial superior de Custer, foi responsável por um deles. O próprio Custer cometeu outro ainda mais grave. Mas o maior fator da derrota foi o destemor — não a bravura, mas o destemor — de George Armstrong Custer.

Mas, primeiro, vamos examinar os fuzis, tanto os de tiro único quanto os de repetição.

Alguns fuzis de repetição foram usados em número significativo durante a Guerra de Secessão: o Spencer e o Henry. O Henry, um fuzil de alavanca, foi inventado por B. Tyler Henry, que fundou uma empresa depois comprada por Oliver Winchester. No projeto, um magazine tubular debaixo do cano podia ser carregado com 12 cartuchos. Com mais um cartucho na câmara, o Henry era um fuzil de repetição de 13 tiros. O guarda-mato era uma alavanca que podia ser puxada para baixo, tanto para armar o cão quanto para recarregar a câmara. Segundo a lenda, os confederados chamavam o Henry de "aquele maldito fuzil que os ianques carregam no domingo e usam a semana inteira". O outro fuzil de repetição era o Spencer, invenção de Christopher Spencer, que conseguiu que a sua arma fosse aceita para o serviço militar depois de demonstrá-la para o presidente Lincoln em pessoa. Puxar o guarda-mato do gatilho também recarregava a câmara do Spencer, mas o atirador tinha de puxar o cão separadamente. O magazine de sete tiros da coronha do Spencer podia ser carregado muito mais depressa do que o magazine do fuzil Henry.

Ambos os fuzis eram extremamente letais de perto. Na Batalha de Chickamauga, uma coluna de confederados que atacava a Lightning Brigade (a "brigada relâmpago") de Wilder pareceu avançar até certo ponto e então cair em um buraco no chão ao ser atingida pelo fogo contínuo dos Spencers.

O problema dos fuzis de repetição era que, em geral, os cartuchos tinham potência muito menor do que os fuzis de tiro único como os Sharp e até que os velhos fuzis de antecarga (carregados pela boca). Na época de Custer, os fuzis de repetição usavam cartuchos como o .44-40 e o .38-40, que em épocas modernas só foram usados em revólveres e hoje estão obsoletos; não se fabrica nenhuma arma para eles.

O Departamento de Guerra, que ficou com um número imenso de fuzis de antecarga depois da Guerra de Secessão, transformou-os em armas de retrocarga usando a invenção de

E. S. Allin, armeiro-mestre da Springfield Armory. Ele acrescentou um bloco de culatra escamoteável, que se abria para cima, no fim do cano das antigas armas de antecarga. A trava não era tão forte quanto a dos fuzis de retrocarga contemporâneos, como os Remington, Sharp ou Peabody, mas bastante adequada para os cartuchos de pólvora negra da época.

Tão adequada, na verdade, que os dois próximos fuzis adotados como padrão foram *fabricados* com esse mecanismo de "alçapão" de Allin. Usavam dois cartuchos novos, o .50-70 e o .45-70.

O cartucho .45-70, ao contrário dos cartuchos de repetição anteriores, ainda é fabricado, assim como fuzis preparados para ele. Tem potência suficiente para deter qualquer animal da América do Norte e, se o atirador for bom ao avaliar distâncias, tem precisão a mais de 1,5 km. O Springfield .45-70 foi feito nas versões fuzil e carabina (um fuzil de cano mais curto). Os cavalarianos de Custer usavam as carabinas, mais fáceis de manusear sobre o cavalo.

O mesmo faziam os nativos americanos quando conseguiam pôr as mãos em uma delas. Geronimo, o famoso chefe apache, segura uma carabina .45-70 em quase todas as suas fotos.

Mas em Little Bighorn, apenas poucos índios tinham algum tipo de fuzil. Sua principal arma de arremesso era o arco e flecha, e os americanos nativos faziam com essa antiga arma coisas que não se faz com fuzis. Em certo momento da batalha, eles se agacharam atrás de um morro, onde os soldados não podiam vê-los, e lançaram as flechas para o ar. Elas caíram quase em linha reta sobre os homens de Custer. Os arqueiros de Guilherme, o Conquistador, usaram essa tática em 1066. Ela ainda funcionava. Na luta corpo a corpo, os nativos usavam clavas e machadinhas.

E isso nos leva ao erro do general Terry. Ele ordenou a Custer que deixasse na base todos os sabres do regimento. Acreditava que os sabres eram apenas um incômodo na luta "índia";

ninguém se aproximava o bastante para usá-los. Ele não podia imaginar que os "índios" venceriam uma unidade do exército dos Estados Unidos e lhe dariam fim com clavas e machadinhas. Em uma luta entre um homem com clava ou machadinha e outro com espada, sempre aposte no espadachim — desde que ele *tenha* uma espada.

Terry poderia ter compensado esse erro se Custer seguisse o seu outro conselho. Terry sugeriu que os cavaleiros levassem consigo três armas Gatling. A Gatling era uma metralhadora manual. Tinha um feixe de canos (em geral, dez ou seis) que rodava quando o artilheiro girava uma manivela. Durante a rotação, os canos eram carregados, disparados e o cartucho vazio, ejetado. Um artilheiro forte conseguia uma cadência de mil tiros por minuto. Se o Sétimo Regimento de Cavalaria estivesse com as suas metralhadoras Gatling, é duvidoso que os nativos americanos chegassem perto o bastante para usar clavas e machadinhas. Mas Custer não as levou porque achou que seriam um estorvo. Ele detestava estorvos, tudo o que retardasse o seu avanço. Mas as Gatling não eram do tipo que tinha de ser rebocado em um carro com rodas; elas foram projetadas para serem desmontadas e levadas por uma tropa de mulas. Sobre as metralhadoras Gatling, Evan Connell, em *Son of the Morning Star* [Filho da Estrela Matutina], diz: "Costumavam emperrar, e as balas que espalhavam dos seis ou dez canos — dependendo do modelo — só seriam eficazes contra um ataque em massa, como se deveria esperar na Europa. Os casacos-vermelhos britânicos podiam marchar de cabeça erguida e balançando os braços rumo ao fogo da Gatling, mas os índios americanos eram menos disciplinados"[1].

Três anos depois de Custer decidir não usar as três metralhadoras Gatling, os britânicos levaram duas delas à Zululândia, na África do Sul. Os zulus eram o povo militarmente mais sofisticado da África, e mestres da proteção e do ocultamento. Ti-

Metralhadora Gatling, a primeira a dar certo. Embora exigisse um artilheiro para girar a sua manivela, a Gatling era uma arma formidável e foi a razão para a Última Defesa de Custer perto do riacho Little Bighorn ter sido, de fato, a última.

nham aniquilado um exército britânico muitas vezes maior do que a tropa de Custer. Mas as Gatling britânicas os segaram e deram fim à Guerra Anglo-Zulu.

Mas o grande problema não foram as armas que os nativos americanos tinham ou que faltavam a Custer. Foi o próprio Custer. Ele se formou como um dos últimos da sua turma na academia militar de West Point, mas subiu na carreira como um foguete durante a Guerra de Secessão. Sempre se apresentava como batedor para observar posições inimigas quando todos os outros ficavam com medo. Contava o que vira com exatidão, porque nenhum inimigo conseguia assustá-lo. Comandava cargas qualquer que fosse a probabilidade de sucesso. Em Gettysburg, comandando uma brigada de voluntários de Michigan, expulsou do campo de batalha a cavalaria confederada de J. E.

B. Stuart, supostamente invencível. E ao contrário de alguns comandantes, ele *ia à frente* dos seus homens. Não os empurrava. Ninguém poderia questionar a sua bravura. Mas em Little Bighorn, ele revelou outro elemento do seu caráter. Quando viu o acampamento dos nativos americanos, que continha de 3.000 a 5.000 guerreiros, a maior concentração de guerreiros nativos americanos da história ao norte do Rio Grande, e muito mais mulheres e crianças, sua única preocupação foi atacá-los antes que fossem embora. Ele recebera ordens de aguardar mais duas unidades, uma comandada pelo general Terry e outra pelo coronel John Gibbon, que convergiam de direções diferentes sobre os americanos nativos. Já em desvantagem numérica de quase 5 para 1, Custer mandou um quarto da tropa à procura de nativos que pudessem estar escondidos nas terras áridas ao sul do acampamento. Mandou mensageiros buscarem outras unidades espalhadas, mas atacou antes que voltassem. Na verdade, ele abandonara sete das suas doze companhias e avançava contra 3.000 a 5.000 guerreiros com apenas 300 soldados.

A única explicação para as suas ações é que Custer, literalmente, era bastante destemido. O corajoso reconhece o perigo, mas age a despeito dele. Mas quem ignorasse as probabilidades de fracasso que Custer enfrentava teria de ser irracionalmente desprovido de certo medo saudável — ainda mais quando estavam chegando reforços que eliminariam a desvantagem.

O fato de Custer ter perdido nada teve a ver com os fuzis de repetição dos americanos nativos. Talvez tivessem alguns, mas com tantas condições a seu favor, eles arrasariam os soldados de Custer mesmo que não possuíssem uma única arma de fogo.

Mito nº 17
As Guerras Latino-Americanas nunca foram Sérias

Por alguma razão, durante muitos anos os americanos alimentaram a ideia de que as guerras da América Latina eram revoluções travadas por exércitos compostos de generais e coronéis — guerras que produziam muitas mudanças de governo, mas poucas baixas. Mais tarde, a nossa noção mudou; sabemos que houve e há muitas questões graves na América Latina: massacres, esquadrões da morte, terroristas, etc. Mas guerras sérias contra Estados soberanos? Isso não acontece. Assim pensamos.

Isso demonstra uma das grandes lacunas do sistema educacional americano: os indivíduos mais lidos e instruídos sabem alguma coisa sobre a Guerra dos Cem Anos entre a Inglaterra e a França, a Guerra dos Oito Anos entre a Espanha e os Países Baixos, a Guerra dos Trinta Anos na qual a maior parte da Europa participou de uma guerra civil alemã. Já ouviram falar da Guerra dos Bôeres na África e de várias guerras de conquista da Grã-Bretanha, da França, da Bélgica, da Alemanha e da Espanha na África. Mas a parte sul da América do Norte e toda a América do Sul são uma *terra incógnita* em termos históricos.

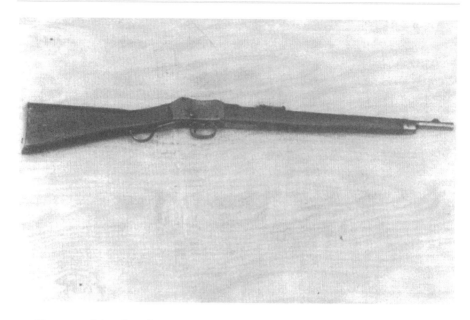

Uma carabina britânica Martini-Henry. As armas britânicas foram comuns durante a Guerra do Paraguai.

Nenhuma guerra latino-americana é mais desconhecida nos Estados Unidos do que a Guerra da Tríplice Aliança ou Guerra do Paraguai, entre 1865 e 1870. Mas em termos proporcionais, essa guerra do Paraguai contra a Argentina, o Brasil e o Uruguai é uma das mais sangrentas da história, seja da América do Sul, seja do mundo inteiro. O Paraguai começou a guerra. Quando ela terminou, a população do país, de acordo com uma estimativa confiável, caíra de 1.337.000 para 220.000 habitantes[1]. No fim da guerra, o exército paraguaio consistia, em grande parte, de meninos de 12 anos. A população masculina adulta do Paraguai foi praticamente aniquilada.

Eis o que aconteceu.

O Paraguai teve uma história colonial bem incomum. O país era habitado por índios guaranis, muito pacíficos. Os missionários jesuítas chegaram no final do século XVI e criaram entre eles uma sociedade semicomunista. Proibiram aventureiros espanhóis e portugueses de entrar no território, porque a maioria dos europeus ia à terra dos guaranis capturar escravos. Os índios levavam uma vida regimentada, mas aparentemente feliz, e prantearam os jesuítas quando, em 1767, depois de reclamações de colonos espanhóis contra os missionários que os impediam de explorar a terra (e o seu povo), o rei da Espanha expulsou os jesuítas de todo o território espanhol.

Os guaranis não criavam problemas para o rei e sua terra pantanosa atraía poucos europeus. Mas no início do século XIX, a revolução, inspirada pela Revolução Francesa, inspirada por sua vez na Guerra de Independência dos Estados Unidos, estava no ar. Em 1811, depois que os habitantes de Buenos Aires declararam a independência da Espanha, o Paraguai foi atrás. Pouco tempo depois, o Dr. José Rodríguez de Francia y Velasco tornou-se ditador. Francia era um dos dois únicos paraguaios com doutorado, no caso dele, em teologia. Ele estudara para se tornar sacerdote católico, mas achou que governar um país era uma carreira mais satisfatória. Pertencia a uma classe que os espanhóis chamavam de "caudilhos bárbaros". O Paraguai teve um quinhão bem grande desses líderes.

Francia tentou manter o Paraguai tão isolado quanto no tempo dos jesuítas, mas jesuíta ele não era: tomou todas as propriedades da Igreja Católica e nomeou-se líder da Igreja. Ele desestimulava o matrimônio oficial e insistia em oficiar pessoalmente todos os casamentos do país. Todo mundo tinha de tirar o chapéu quando ele passava e quem não usasse chapéu, tinha de levar consigo uma aba de chapéu para erguer. Ele criou uma polícia secreta para impor os seus decretos e executou muitíssima gente. Provavelmente era louco, mas os paraguaios o aguentaram.

Quando morreu, Francia foi sucedido por um novo caudilho bárbaro, Carlos Antonio López. Este deu prosseguimento a duas políticas de Francia: tornar o Paraguai completamente autossuficiente e não admitir dissidência no seu governo. Francia não teve filhos legítimos, mas Carlos López teve e pretendia criar uma dinastia. Promoveu a brigadeiro-general o filho Francisco Solano López, de 18 anos, e, nove anos depois, em 1853, o mandou para a Grã-Bretanha, França e Itália como ministro plenipotenciário para comprar armas, navios e suprimentos militares.

Francisco López admirava muito o império de Napoleão III e o seu exército. Também admirava uma moça irlandesa chamada Eliza Lynch (ou Elisa, grafia espanhola que adotou), nascida em Cork, na Irlanda, que se casara aos 15 anos com um oficial francês. Eles logo se divorciaram e Elisa se uniu a um nobre russo. Quando a Guerra da Crimeia começou, o russo voltou para casa e a deixou em Paris. Quando López a conheceu, ela era uma moça belíssima de 18 anos. Ele era um homem de 27 anos gordo e baixote, que sempre usava uma farda carregada de medalhas. A maioria dos parisienses o considerava um tolo, mas Elisa Lynch achou que tinha boas possibilidades. Tornou-se sua amante e ficou com ele quando voltou ao Paraguai.

Ao chegar, Carlos Antonio López o nomeou ministro da Guerra e, depois, vice-presidente. Quando o pai morreu, Francisco Solano López se tornou presidente.

Na época, os Estados do Rio da Prata (Argentina, Brasil, Paraguai e Uruguai) eram uma região perturbada. Na maior parte da América Latina da época, havia dois partidos políticos: os Blancos (brancos) e os Colorados (vermelhos). Era comum os integrantes desses partidos sentirem mais lealdade ao mesmo partido nos outros países do que ao outro partido do próprio país. O Brasil era o maior Estado e mais poderoso. Também era um império governado na época por Dom Pedro II. Ao lado dos Estados Unidos, na América do Norte, era o maior país escravista do mundo. A Argentina era a segunda potência da América

Mito nº 17

do Sul, uma república que se livrou tardiamente de Juan Manuel de Rosas, um dos mais bárbaros dentre os caudilhos bárbaros. A Argentina e o Brasil eram sérios rivais e ambos estavam de olho no Paraguai. O Uruguai era uma república de gaúchos, uma área quase anárquica fantasiada de país.

O Brasil interviera várias vezes nos assuntos internos do Uruguai. Em 1864, Dom Pedro declarou que cidadãos brasileiros eram roubados por uruguaios, o que provavelmente era verdade, e o governo uruguaio nada fazia a respeito. Na época, o Uruguai era controlado pelo partido Colorado. Bartolomeu Mitre, presidente da Argentina, era blanco. Ele não se opunha à invasão do Uruguai pelo Brasil; já Francisco Solano López tinha outra opinião e via a ação do Brasil como uma nação grande importunando outra pequena.

Como o Uruguai, o país de López era pequeno, espremido entre os dois maiores países da América do Sul. Mas ao contrário do Uruguai, o Paraguai não era indefeso. Em termos de América do Sul, tinha uma marinha razoavelmente forte, embora sem saída para o mar, e graças a Francisco Solano López e ao pai, o maior exército da região. Eram pelo menos 70.000 soldados, mas sem fontes confiáveis de suprimentos militares e sem reservas[2]. Também lhe faltava uma cadeia de comando eficiente. Os oficiais subalternos não tinham experiência nem autoridade: todas as ordens tinham de vir de López. Também não havia na América do Sul potência militar que se comparasse aos Estados Unidos, que, em 1865, tinham o maior exército e a maior marinha do mundo.

López reagiu à invasão do Uruguai pelo Brasil tomando um navio brasileiro. O governador da província brasileira de Mato Grosso foi capturado junto com o navio. Então, em março de 1865, López lançou parte do seu exército para o norte, sobre Mato Grosso. Alguns paraguaios chegaram à província brasileira do Rio Grande do Sul. O Mato Grosso era uma área selvagem que López não cobiçava, e o exército brasileiro não estava lá. O ataque paraguaio ao norte foi uma operação diversionária. O grosso dos soldados brasileiros estava no Uruguai, ao sul do Paraguai. O Paraguai não tinha fronteira com o Uruguai. A melhor maneira de ir do Paraguai ao Uruguai era passar pela Argentina. López pediu permissão à Argentina para os seus soldados atravessarem o território e chegarem ao Uruguai. Ele não sabia que a Argentina aprovara a invasão brasileira. Talvez contasse com a tradicional rivalidade entre Argentina e Brasil, mas o Paraguai também não era um dos países favoritos do Brasil. Durante o governo de Carlos Antonio López, houve várias escaramuças de fronteira entre brasileiros e paraguaios, e Bartolomeu Mitre, presidente da Argentina, era blanco, partido que o Brasil repusera no poder depois da invasão. A Argentina não deu a permissão.

López não ligou. Mandou os soldados para a Argentina. Então, Argentina, Brasil e o novo governo blanco do Uruguai assinaram um tratado e declararam guerra ao Paraguai em 1º de maio de 1865, formando a chamada Tríplice Aliança.

Os três aliados começaram um grande recrutamento. O pequeno Uruguai conseguiu 40.000 soldados; a Argentina, estima-se, contribuiu com 100.000, inclusive Bartolomeu Mitre, primeiro general comandante da força aliada. Mas, no fim das contas, Mitre não levou um grande efetivo aos aliados. O Brasil convocou a Guarda Nacional, criou uma força de voluntários (como fizeram os Estados Unidos alguns anos antes, na Guerra de Secessão) e libertou os escravos que lutassem na guerra. Uma grande parte do exército brasileiro era de escravos ou negros libertos. Durante a guerra, o efetivo do exército brasileiro foi estimado em 150.000 homens. No entanto, a sua arma mais formidável era a marinha, com 42 navios, alguns deles blindados.

Não demorou para a vantagem numérica dos aliados ser de 10 para 1.

Mito nº 17

A marinha de López deu apoio à invasão da Argentina e bloqueou o porto argentino de Corrientes enquanto os paraguaios ocupavam a cidade de mesmo nome. O Brasil mandou soldados para o Mato Grosso, que não encontraram nenhum paraguaio e decidiram invadir o Paraguai, mas a cavalaria paraguaia os expulsou. Até 1868, quando foram transferidos para a frente do Sul, os paraguaios ocuparam uma parte de Mato Grosso.

Nessa época, o final da guerra já estava decidido. Em 11 de julho de 1865, na Batalha de Riachuelo, os navios blindados brasileiros e outros arrasaram a marinha paraguaia. As estradas da bacia do Rio da Prata eram poucas e péssimas; todas as viagens eram pelo rio. Os soldados da Argentina ficaram isolados, e os navios aliados bloquearam os suprimentos que López poderia receber do mundo exterior. No final de 1865, a Tríplice Aliança assumiu a ofensiva.

Em 12 de setembro de 1866, López pediu a Mitre para negociar os termos da paz. Mitre disse que o Paraguai teria de aceitar todas as condições especificadas no Tratado Secreto da Tríplice Aliança, uma das quais exigia que a guerra continuasse até que o então governo do Paraguai deixasse de existir — em outras palavras, até a morte de Francisco Solano López.

Os paraguaios continuaram lutando. No final da guerra, muitos não tinham armas de fogo, somente facões e lanças. López escolheu um homem de cada esquadrão para matar os outros soldados que mostrassem sinais de querer se render. Elisa Lynch organizou as paraguaias em uma brigada de cavalaria e comandou as cargas. Se algum homem desertava, ela ou López açoitava a esposa até a morte. López ficou paranoico e executou centenas de suspeitos de derrotismo, inclusive dois irmãos seus e dois cunhados. Para poupar munição, as execuções eram realizadas com lanças.

No lado aliado, depois de tentar várias vezes tomar posições paraguaias sem sucesso, Mitre foi substituído pelo brasileiro Marquês de Caxias. Este contornou os fortes e sitiou a fortaleza paraguaia de Humaitá. Finalmente, quando Humaitá caiu, Caxias se esgueirou pelos pântanos e selvas e atacou o exército de López pela retaguarda. Em 5 de janeiro de 1869, Caxias entrou em Assunção, capital do Paraguai. Francisco Solano López fugiu para as montanhas ao norte da cidade.

Os soldados da Tríplice Aliança começaram a atacar as aldeias paraguaias e matar todo homem que parecesse capaz de portar uma arma. Às vezes, matavam as mulheres e crianças também. Mas os paraguaios continuavam lutando.

Em 1º de março de 1870, a cavalaria brasileira surpreendeu López, acompanhado de 200 soldados. Há muitas histórias sobre o fim de Francisco Solano López. Uma delas, popular na Argentina, é de que um cavaleiro brasileiro chamado cabo Chico Diabo (nome improvável, mas talvez fosse escravo) escolheu López por ser o único gordo em um acampamento de famintos e o transpassou com a lança. Um argentino com senso de humor fez um quadrinho:

| *Cabo Chico Diablo* | O cabo Chico Diabo |
| *Cabó el diablo chico* | Deu fim ao diabinho |

Elisa Lynch foi deportada para a França, onde acabou morrendo na pobreza.

O número de baixas argentinas foi estimado em 10.000 homens, assim como o do Uruguai, e o brasileiro, em 100.000[3].

A guerra teve alguns efeitos positivos: credita-se a ela o início da abolição da escravatura no Brasil e a união da Argentina, dividida por disputas entre chefes guerreiros.

A guerra não levou nenhum benefício ao Paraguai. O país perdeu grande porções de território para a Argentina e o Brasil.

Este último ocupou o país ostensivamente durante seis anos, para preservar a lei e a ordem, mas na verdade para manter a Argentina fora de lá. Mas depois das perdas sofridas na guerra, nem Argentina nem Brasil queriam brigar entre si. E o país despovoado constituía uma boa proteção entre as duas maiores potências sul-americanas. A guerra praticamente destruiu o Paraguai como nação. Ele teve de suportar uma longa série de caudilhos bárbaros, dos quais o último foi Alfredo Stroessner, derrubado em 1989.

Um poeta citado por John Crow compôs um lamento fúnebre do Paraguai:

Llora, llora urutaú   Chora, chora urutau
en las ramas del yatay; Nos ramos do jataí
Ya no existe el Paraguai Já não existe o Paraguai
donde naci como tu   Onde eu também nasci
Llora, Mora urutaú.   Chora, chora urutau[4]

Mito nº 18
A Pistola Automática .45 Ajudou a Derrotar as Filipinas

Todos os interessados em armas conhecem a história: quando os Estados Unidos venceram a Guerra Hispano-Americana e ficaram com o arquipélago das Filipinas, a ocupação sofreu a resistência dos fanáticos moros, o que resultou na Insurreição Filipina. A arma de serviço dos americanos, um revólver calibre .38, não era capaz de deter os ataques dos moros selvagens que, embora crivados de balas calibre 38, picotaram muitos oficiais americanos com seus *bolos*, ou espadas nativas. Assim, os Estados Unidos adotaram a pistola automática .45, que se mostrou excelente para deter os moros e deu fim à insurreição.

A única coisa errada nessa história é tudo. Praticamente nenhum detalhe é verídico. Comecemos do princípio...

Houve uma Insurreição Filipina, mas foi contra a Espanha, não contra os Estados Unidos. Começou antes da Guerra Hispano-Americana, mais ou menos na mesma época em que uma insurreição semelhante começou em Cuba. Continuou enquanto os americanos lutavam contra a Espanha e, na época em que a Espanha se rendeu, os filipinos já tinham expulsado os espanhóis de mais de 90% do arquipélago.

A luta entre americanos e filipinos, originalmente aliados, começou *antes* que o tratado com a Espanha que transferiria as ilhas para os Estados Unidos fosse ratificado pelo Senado. Os Estados Unidos não tinham direito legal às ilhas quando a Guerra Filipino-Americana começou, portanto a luta foi uma guerra e não uma insurreição.

Os *insurretos* filipinos, como diziam os espanhóis, tinham adotado uma constituição baseada na dos Estados Unidos e eleito um presidente, Emilio Aguinaldo, que ficou muito amigo do almirante George Dewey, vitorioso na Batalha da Baía de Manila. Dewey levou Dom Emílio a acreditar que haveria uma aliança com os Estados Unidos. As tropas americanas não fizeram muita coisa nas Filipinas depois da batalha naval e se uniram ao exército de Aguinaldo no cerco de Manila. Aguinaldo não sabia, mas tinham dito aos soldados americanos que eles eram um exército de ocupação, e não aliados das Filipinas — e portanto eles agiram como ocupantes, não como aliados.

Os soldados da ocupação, em sua maioria, eram rapazes do Kansas, de Montana e de outros estados do oeste dos Estados Unidos. Não sabiam quase nada sobre as ilhas até que chegaram a Manila; não se podia esperar que soubessem alguma coisa quando a maioria dos políticos e donos de jornais também nada sabiam.

Os jornais da época, tanto os "imperialistas" quanto os "anti-imperialistas", retratavam os filipinos como selvagens de tanga de capim. Em 29 de novembro de 1898, o presidente americano William McKinley anunciou que anexaria as ilhas para "educar os filipinos e soerguê-los, civilizá-los e cristianizá-los"[1].

McKinley falava da única nação cristã do Extremo Oriente, cuja população tinha mais ou menos a mesma proporção de cristãos dos Estados Unidos! Havia alguns muçulmanos (os famosos

Mito nº 18

Soldados americanos atiram nas tropas nacionalistas filipinas durante a Guerra Filipino-Americana de 1989-1902. Apesar da lenda generalizada, a pistola automática .45 não teve nenhum papel nessa guerra. Ela foi adotada em 1911.

moros) nas ilhas mais ao Sul e alguns pagãos nas montanhas de Luzon, mas os Estados Unidos tinham apaches, comanches, lakotas e outras tribos tão pagãs e não civilizadas quanto os igorotes filipinos[2]. Quase todos os filipinos tinham adotado a civilização europeia 300 anos antes. Entre os filipinos "não civilizados" havia médicos, advogados (como Aguinaldo), engenheiros e outros profissionais liberais. Manila teve luz e bondes elétricos muito antes da maioria das cidades americanas.

Embora combatessem o mesmo inimigo, os soldados americanos trataram os filipinos como se fossem uma população inimiga. Chamavam os filipinos de "*niggers*" — termo ofensivo para designar "negros" — e revistavam pessoas e casas sem mandado. Derrubavam qualquer filipino que não lhes demonstrasse "respeito", mas não demonstravam respeito pelas mulheres filipinas que revistavam. "Temos de matar um ou dois [filipinos] toda noite", escreveu um soldado para casa[3].

Na noite de 4 de fevereiro de 1899, 36 horas antes da data marcada para o Senado votar o tratado com a Espanha, vários filipinos bêbados se aproximaram de um posto de sentinela americano. O soldado William Grayson gritou: "Alto". Um dos filipinos brincou, respondendo "Alto".

"Bom, achei que o melhor era atirar nele", declarou Grayson depois[4]. Uma segunda sentinela atirou em um segundo filipino, Grayson matou outro e depois o tiroteio se generalizou. Os filipinos, a princípio apenas alguns bêbados que perambulavam por ali, estavam em enorme desvantagem. Alguns soldados filipinos que estavam de serviço entraram na briga. Então, os navios de guerra do porto apontaram os grandes canhões para posições filipinas.

No dia seguinte, Aguinaldo propôs ao general Elwell S. Otis, comandante do exército americano, que criassem uma zona neutra entre os exércitos. Otis não queria a paz e disse: "A luta, depois de começada, deve prosseguir até o seu triste fim"[5].

Isso já basta para refutar a ideia de que a campanha americana nas Filipinas foi uma "insurreição". E aqueles duríssimos moros?

Os adversários dos americanos na guerra das Filipinas, muito mais sangrenta do que a guerra com a Espanha, eram 100% cristãos católicos. Subornamos a maioria dos moros das ilhas do Sul. Finalmente tivemos algumas lutas com eles, mas eram um inimigo fraco. Os moros eram governados por chefes independentes chamados datos, que raramente cooperavam entre si. Individualmente, eram guerreiros poderosos, mas como povo não eram tão formidáveis assim.

O revólver .38 estava longe de ser uma arma portátil satisfatória, mas houve poucos casos de filipinos atingidos por balas calibre .38 picotando americanos com bolos. Aliás, *bolo* é uma palavra filipina de origem espanhola que significa um facão pesado, semelhante ao machete cubano. Os filipinos cristãos costumavam usá-lo como arma. Os moros preferiam uma faca parecida chamada *barong* ou, com mais frequência, um *kris* bem grande (uma adaga assimétrica, muitas vezes ondulada) chamado *sandang* ou *suluk*.

O caso mais famoso de filipino que absorveu um monte de balas calibre .38 é o de Antonio Caspi. (Obviamente Caspi não era moro, já que os moros têm nome árabe.) Caspi ficou preso na ilha de Samar durante a Guerra Filipino-Americana. Na tentativa de escapar, levou quatro tiros enquanto brigava com os guardas. Uma bala calibre .38 o atingiu no peito e perfurou o pulmão direito. Outra perfurou o pulmão esquerdo. A terceira abriu outro furo no pulmão esquerdo e a quarta atravessou o braço e a mão esquerda. Caspi continuou lutando até um guarda o atingir na cabeça com a coronha da carabina. Em três semanas, saiu do hospital, curado.

De acordo com o general de brigada, Julian S. Hatcher, do Corpo de Material Bélico do Exército, internacionalmente reconhecido como autoridade em armas portáteis, o Colt calibre .38 do exército era uma arma ruim. Em muitos, o cilindro e o cano não eram bem alinhados, o que provocava imprecisão. O cartucho longo Colt .38, agora obsoleto, tinha um projétil menor do que o diâmetro do cano. Esse projétil tinha a base oca, e esperava-se que a explosão da pólvora a expandisse para se encaixar nas raias. Isso também era fonte de imprecisão. Os soldados americanos nas Filipinas ficaram tão insatisfeitos com os (então novos) revólveres calibre .38 de ação dupla que o exército desenterrou dos depósitos os velhos revólveres .45 de ação simples e os mandou para lá[6].

O exército queria uma nova pistola que fosse de calibre .45. Vários inventores se dedicaram ao problema e John M. Browning, de longe o inventor mais bem-sucedido de armas de fogo da época, encontrou a solução. A sua pistola foi adotada em 1911. Isso foi nove anos depois do dia em que o presidente Theodore Roosevelt anunciou o fim da guerra, em 4 de julho de 1902.

Então como os moros entraram na história?

Eles eram exóticos. Causaram forte impressão nos jovens soldados americanos. Usavam roupas malaias tradicionais e, às vezes, armadura em combate — capacetes de latão que seguiam o modelo dos capacetes espanhóis do século XVI e cota de malha de latão. Usavam espadas, quer em combate, quer não. Lutavam ocasionalmente com os cristãos havia três séculos. Às vezes, alguns moros juravam morrer matando cristãos. Antes de começar uma dessas matanças, o moro costumava tomar grande quantidade de drogas, o que tornava difícil matá-lo. Os soldados americanos estacionados na região onde viviam (a grande ilha de Mindanao e o arquipélago Sulu) saíam de guarda de três em três. Um levava um fuzil .30, outro uma espingarda de chumbinho 12 e o terceiro, um antigo fuzil .45-70 de tiro único. A espingarda e o .45-70 foram escolhidos pelo poder de deter ataques. Em certo caso, as testemunhas contaram que um moro jurado conseguiu matar várias pessoas, mesmo depois de atingido 30 vezes por projéteis das três armas.

As tropas americanas em Mindanao tomaram dos datos vários fortes, e logo pacificaram a ilha. A luta não foi muito difícil porque a maioria dos moros usava apenas lanças e espadas. Então, o sultão de Sulu achou que os termos do tratado com os americanos não eram suficientes e houve mais combates, mas em 1906, o massacre da Cratera dos Moros deu fim a eles. No massacre, soldados americanos comandados pelo Dr. Leonard Wood, amigo de Theodore Roosevelt, mataram 600 moros, homens, mulheres e crianças, que se escondiam na cratera de um vulcão. Alguns anos depois, em 1913, Sulu voltou a se agitar. Dessa vez, soldados comandados pelo brigadeiro-general John Pershing atacaram o forte do sultão no monte Bagsak, e 13 americanos foram mortos. Dois mil moros também, inclusive 196 mulheres e 340 crianças.

Mais uma vez, as espadas e lanças não foram páreo para metralhadoras e artilharia.

Para que essa batalha não parecesse outro massacre, Pershing disse: "O combate foi o mais feroz que já vi. [...] [Os moros] são absolutamente destemidos e, depois que se comprometem a lutar, consideram a morte um mero incidente"[7].

É claro que essa declaração contribuiu para a lenda dos ferozes moros.

Mito nº 19
A Baioneta é Indispensável

No século XVII, a força básica de infantaria consistia de dois tipos de soldado: os mosqueteiros e os alabardeiros. Então, o grande engenheiro militar francês Sébastien Le Prestre de Vauban provocou uma revolução na tática de infantaria: melhorou uma arma que alguns mosqueteiros franceses tinham improvisado alguns anos antes.

Naquela época, carregar os mosquetes de chave de mecha era uma atividade muito demorada. O mosqueteiro punha um pouco de pólvora na caçoleta, junto ao furo no cano da arma. Pegava na cartucheira um polvarinho de madeira e despejava a pólvora no cano da arma; depois, punha uma bala no cano e a empurrava cano abaixo. Então, para se livrar das cinzas, soprava a mecha, um cordão embebido em uma solução de nitrato de potássio e deixado para secar de modo a arder lentamente o tempo todo. Então, ajeitava a mecha na "serpentina" que prendia a mecha à arma e a baixava na caçoleta cheia de pólvora, e se preparava para atirar. Enquanto fazia tudo isso, ficava vulnerável às cargas de cavalaria. A sua única proteção eram os colegas com alabardas.

Algum mosqueteiro desconhecido teve a ideia de enfiar uma adaga no cano do mosquete quando viu o inimigo começar a carga. Isso lhe deu uma lança para usar no corpo a corpo. Os cuteleiros logo começaram a fazer armas projetadas para se encaixar na boca dos mosquetes. A cidade de Bayonne era um centro de cutelaria, e a nova arma se tornou conhecida como "baioneta de encaixe"[1].

O problema da baioneta de encaixe era que o mosqueteiro tinha de tirar a adaga da arma para recarregar. O que Vauban fez foi projetar ou promover um novo tipo de baioneta com uma manga que se encaixava *sobre* a boca do mosquete, de modo a permitir que a arma fosse carregada com a baioneta no lugar. Essa invenção levou à abolição da alabarda e, portanto, dobrou o poder de fogo da infantaria.

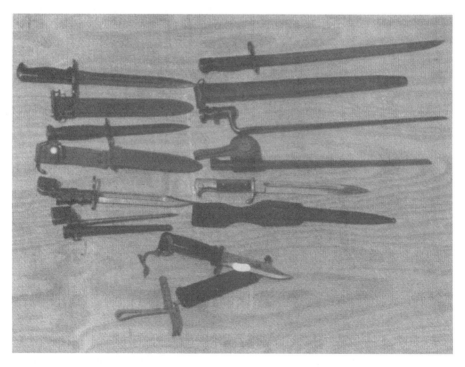

Baionetas de vários tipos e períodos. Nas guerras modernas, a baioneta é praticamente inútil como arma, mas ainda está por aí.

Durante um século, a baioneta foi uma arma de infantaria importantíssima. Poucos cavalos podem ser forçados a atacar uma cerca ininterrupta de baionetas e, juntamente com seus cavaleiros, menos ainda sobreviveram à tentativa. A cavalaria tentava atacar a infantaria de todos os lados, mas os infantes simplesmente formavam quadrados. Contra outra infantaria, os soldados atiravam uma salva logo antes de encontrar o inimigo, e depois usavam as baionetas contra o adversário desorganizado. Durante a Guerra de Independência, o general americano "Mad Anthony" Wayne mandou os homens descarregarem os mosquetes e usarem apenas as baionetas para tomar o forte britânico de Stony Point. Durante todo o século XIX, e até na Primeira Guerra Mundial, os soldados treinavam exaustivamente o uso da baioneta. Atacavam bonecos cheios de palha e formavam o perímetro com baionetas de lâmina embotada montadas em molas.

Ainda assim, o uso da baioneta não parou de declinar conforme as armas de fogo melhoravam. Era muito mais rápido carregar o mosquete de pederneira da Guerra de Independência Americana e das Guerras Napoleônicas do que o antigo mosquete de mecha. O general Antoine Jomini, veterano de Waterloo, disse nunca ter visto uma carga de baioneta em toda a sua carreira militar, embora tivesse visto soldados tomarem uma posição sem tirar o mosquete do ombro[2].

Quando os fuzis se tornaram comuns, as baionetas ficaram cada vez menos úteis. Um fuzil podia matar a 800 metros ou mais, o que significava que o soldado que chegasse ao alcance da baioneta do inimigo teria muita sorte. Um médico da Guerra de Secessão disse que só tratou um punhado de ferimentos de baioneta[3].

No livro *Études sur le Combat* [Estudos sobre o combate], anterior à Primeira Guerra Mundial, o coronel Ardent du Pique, escritor militar francês, defendeu que o élan do soldado francês garantiria o sucesso contra fuzis de repetição e metralhadoras. Os escritores alemães tinham teoria semelhante sobre o "Furor Teutonicus". Quando essas teorias foram postas à prova na guerra, as baixas foram enormes, mas causadas por balas, *shrapnel*, estilhaços de granadas e gás venenoso. De uma amostra de 200.000 ferimentos de combate britânicos, somente 600 foram causados por baioneta. Um estudo das lesões sofridas por um corpo francês que participou de combate corpo a corpo pesadíssimo em 1916 mostrou que apenas 0,5% dos ferimentos foram causados por baioneta. Dos ferimentos americanos, as baionetas causaram apenas 0,24%[4].

Isso não deveria surpreender os teóricos militares europeus. Em 1881, na chamada Primeira Guerra dos Bôeres, uma multidão mal organizada de agricultores sul-africanos destruiu uma coluna britânica de 360 soldados regulares posicionados no alto da colina Majuba, matando 260 e cercando os outros. Os sul-africanos não tinham baionetas, artilharia, nem espadas.

Alguns anos depois, na Segunda Guerra dos Bôeres, os "bôeres" ("agricultores" em holandês), ainda sem baionetas, feriram gravemente os regulares britânicos, que só venceram a guerra ao inundar a África do Sul com mais soldados do que homens, mulheres e crianças das duas repúblicas sul-africanas.

Todos os bôeres estavam montados, mas as armas eram fuzis sem baioneta. Nenhum deles usava espada nem lança, como todos os cavalarianos europeus. Na verdade, não eram cavalaria, mas infantaria montada: cavalgavam até o local da batalha e apeavam para lutar. Quando o inimigo se mostrava forte demais, montavam e iam embora.

Uma unidade de lanceiros britânicos conseguiu uma vitória no início da guerra, mas não foi lá muito gloriosa. Os lanceiros atacaram um grupo de bôeres que demorou para montar. Os bôeres tentaram se render, mas os cavaleiros britânicos ignoraram as mãos erguidas e os gritos de rendição, usaram as lanças nos homens que tinham largado os fuzis, deram meia-volta, retornaram e deram cabo dos feridos caídos no chão.

Isso nunca mais aconteceu. Os bôeres passaram a montar mais depressa e também nunca mais deixaram os cavaleiros inimigos se aproximarem o suficiente para usar lanças ou espadas.

Os oficiais europeus pareciam pensar que eram cavaleiros modernos, herdeiros de uma antiga tradição de guerra de choque. Os infantes também eram guerreiros, herdeiros dos hoplitas gregos e dos legionários romanos. Só era guerreiro o homem disposto a lutar corpo a corpo com espada ou baioneta (que era apenas uma lança que podia ser usada como fuzil).

Um dos primeiros europeus a questionar essa tradição foi Erskine Childers, veterano britânico da Segunda Guerra dos Bôeres (e, mais tarde, líder do movimento irlandês de independência). Seus dois livros, *The War and the Arme Blanche* [A guerra e a arma branca] e *The German Influence on British Cavalry* [A influência alemã na cavalaria britânica], citavam casos da guerra que, segundo ele, mostravam que a espada de cavalaria deveria ser relegada aos museus. Ele também tinha pouco respeito pela baioneta. Mas Childers não era um soldado profissional.

Durante a Guerra de Secessão, os combatentes aprenderam a verdade a custo de muito sangue. Os cavalarianos daquela guerra costumavam lutar como infantaria montada, e a infantaria aprendeu a temer o fogo inimigo a distâncias que os veteranos de guerras anteriores considerariam inacreditáveis. Na época, a população dos Estados Unidos era pouco mais do que um décimo da atual, mas morreram mais americanos na Guerra de Secessão do que em todas as outras, com exceção da Segunda Guerra Mundial.

Mas até aquela lição sangrenta foi esquecida por muitos comandantes americanos. George S. Patton Jr., nosso maior defensor da guerra blindada, projetou a última espada de cavalaria distribuída entre os soldados americanos e protestou amargamente quando o exército parou de fornecê-la aos cavalarianos. Mas as espadas se tornaram obsoletas, tanto na Europa quanto nos Estados Unidos. Na Guerra Franco-Prussiana de 1870, os alemães sofreram 65.000 baixas, das quais somente seis foram devidas a espadas[5].

As baionetas ficaram mais curtas, mas todos os exércitos continuaram a fornecê-las a todos os infantes. Os britânicos equiparam suas submetralhadoras com baionetas. Os americanos as prendiam nos fuzis semiautomáticos M-1, na carabina semiautomática M-1 e na automática M-2. A instrução com baioneta continuou a ocupar um tempo que poderia ser usado para melhorar a pontaria, geralmente pavorosa, da média dos soldados.

Acreditava-se que a instrução com baioneta desenvolvia nos infantes o espírito agressivo. Algumas unidades do exército e da marinha também usavam varas acolchoadas, com os soldados de capacete e máscara protetora, para a troca de golpes. Isso também pretendia promover o espírito agressivo considerado muito necessário para os infantes.

É claro que, desde o Paleolítico, nenhuma batalha foi vencida com lutas de vara, e as baionetas não têm mais utilidade em fuzis automáticos com magazines de 30 tiros que podem ser carregados em um ou dois segundos. O exército americano finalmente abandonou a baioneta, mas o Corpo de Fuzileiros Navais ainda a mantém.

Abençoado seja esse espírito agressivo.

Mito nº 20
Os Tanques Alemães eram Invencíveis

Todos nós que temos idade suficiente nos lembramos das notícias de rádio sobre a invasão alemã da França. (Os repórteres não ficaram tão empolgados quando os alemães invadiram a Polônia; ninguém esperava que a Polônia derrotasse a Alemanha. Mas a França?!) Os alemães romperam as linhas aliadas e empurraram os britânicos e parte do exército francês para um bolsão perto de Dunquerque, e os blindados alemães correram loucamente pela França. Achava-se que a França tinha o melhor exército do mundo; como isso pôde acontecer?

Os correspondentes se lembravam da Guerra Mundial anterior na Bélgica e na França como quatro anos pavorosos em trincheiras lamacentas, com ofensivas que conquistavam alguns metros para cá ou para lá ao custo de milhões de vidas. Eles batizaram esse novo método de guerra de *Blitzkrieg* — "guerra-relâmpago" em alemão — e puseram a culpa nos tanques alemães.

Esses tanques eram monstros (70, 90, 100 toneladas — o tamanho aumentava a cada notícia), tão numerosos quanto as estrelas no céu. As ilustrações do *Examiner* de

Los Angeles e de outros jornais americanos de costa a costa mostravam o "esforço frenético" de artilheiros franceses e britânicos para perfurar a blindagem desses mastodontes de aço.

Esse mito deveria ter vida bem curta. Antes mesmo que a guerra acabasse, o público soube que não havia nenhum mastodonte de 100 toneladas na França. Mas a história se manteve. Nas suas memórias escritas bem depois da guerra, Winston Churchill disse que, em 1940, os alemães tinham pelo menos mil "tanques pesados". Na verdade, eles não tinham nenhum tanque pesado, apenas uma quantidade comparativamente pequena de tanques médios que pesavam por volta de 20 toneladas[1]. Em sua maior parte, os tanques da Blitzkrieg eram leves. No final da guerra, em 1944, os alemães criaram um supermastodonte, chamado Mouse (camundongo). Na verdade, eram dois mastodontes — só dois foram construídos. Cada um dos "camundongos" pesava 189 toneladas e atirava granadas de 155 mm. Da ponta do canhão principal até a traseira, o Mouse media 10,25 metros. Só a torreta pesava 50 toneladas e tinha 3 metros de largura. A velocidade máxima era de 19,5 km/h. Poucas pontes aguentariam o seu peso, de modo que o Mouse foi projetado para andar dentro d'água com até 7,5 m de profundidade. Ambos os tanques foram explodidos pelos alemães para que não pudessem ser capturados pelo russos em seu avanço[2].

Os tanques alemães do período da Blitzkrieg não tinham nenhuma semelhança com o Mouse. O historiador John Keegan, em *A Segunda Guerra Mundial*, ressalta que a Blitzkrieg foi realizada por tanques que, em muitos aspectos, eram inferiores aos aliados: "Modelo a modelo, os tanques alemães não eram notadamente superiores aos dos exércitos britânico e francês. O Panzer Mark IV, futuro principal tanque de combate do exército, era bem blindado, mas tinha armamento inferior. O Mark III, seu cavalo de batalha, tinha proteção inferior ao Mark I da infantaria britânica e ao Somua francês"[3].

Na invasão da Polônia, a imensa maioria dos tanques alemães era de PanzerKampwagen I e II. O PzKw I pesava menos de 6 toneladas e usava apenas metralhadoras 8 mm. O PzKw II pesava menos de 10 toneladas e tinha um canhão de 20 mm ou de 37 mm. O PzKw III, principal tanque de combate usado na França, tinha um canhão de 37 mm ou 50 mm. O canhão de 37 mm era absolutamente inadequado contra os tanques aliados mais pesados. Hitler teve um ataque de raiva quando soube que o exército estava instalando canhões de 37 mm e não de 50 mm nos Pzkw III. Como aconteceu muitas vezes, o ex-anspeçada (posto entre soldado e cabo) demonstrou mais argúcia do que os generais. (Mais sobre isso no próximo capítulo.) O PzKw IV, escasso durante a Blitzkrieg, pesava 21 toneladas e tinha duas metralhadoras e (na época) um canhão lento de 75 mm[4]. O IV sofreu várias mudanças durante a guerra, inclusive a montagem de um canhão longo e rápido de 75 mm em vez do canhão curto do modelo original.

Os aliados tinham mais tanques na frente ocidental durante a Blitzkrieg, e alguns deles eram mais pesados do que todos os tanques alemães. O "Matilda" britânico, por exemplo, pesava 27 toneladas, seis toneladas mais do que o PzKw IV. O M-3 americano, arrendado à Grã-Bretanha, pesava 27,4 toneladas e tinha um canhão de 75 mm de bom comprimento montado em cima. Outro tanque britânico, o "Crusader", pesava 20,1 toneladas. Além disso, os aliados tinham um número maior de tanques. De acordo com os arquivos alemães, o exército alemão tinha 2.200 tanques em 1940. Os franceses e britânicos tinham 3.432[5].

Mas continua a ser verdade que os alemães empurraram os britânicos para o mar e conquistaram a França em 19 dias. Como isso aconteceu?

As duas maiores razões foram o que os alemães mudaram:
1. O modo como os tanques foram usados em combate.
2. Os planos para a ofensiva — no último minuto.

Um tanque americano em ação. Quando os Estados Unidos entraram na Segunda Guerra Mundial, os aliados já tinham aprendido a usar tanques.

Na Primeira Guerra Mundial, os alemães mal tiveram tanques e, assim, não se agarraram a táticas tradicionais. Heinz Guderian, oficial subalterno, estudou o modo como os aliados tinham usado os seus tanques na guerra anterior e, no livro *Achtung Panzer*, explicou como, em teoria, poderiam ser muito mais eficazes. Os aliados tinham distribuído os tanques pela infantaria, usando-os como "casamatas móveis". Assim agindo, limitavam a velocidade das máquinas à velocidade de um homem a pé. Guderian acreditava que os tanques deveriam ser usados na maior velocidade possível dos motores de combustão interna. As formações aliadas não permitiam que os tanques se concentrassem; Guderian propôs divisões blindadas com tanques para realizar os rompimentos, com infantaria motorizada capaz de acompanhar os tanques para aproveitar o rompimento. Não poderia haver artilharia de tração animal em uma divisão "panzer" (blindada). O fogo pesado viria da artilharia autopropulsada e da força aérea tática. Nessa última, a Luftwaffe (força aérea) adotou uma técnica desenvolvida pela marinha americana: o bombardeio de mergulho.

Em ação, as divisões blindadas usavam a tática criada pelo general Oskar Hutier na frente oriental durante a Primeira Guerra Mundial. Chamada de tática de infiltração, a técnica consistia em contornar fortificações, avançando sempre pelas linhas de menor resistência, destruindo áreas básicas do inimigo e interrompendo comunicações e linhas de suprimento.

É óbvio que as velozes divisões panzer conseguiriam usar essas táticas com muito maior eficácia do que divisões de soldados lentos a pé.

A tática de infiltração blindada se tornou muito mais eficaz porque o exército alemão mudou de planos. O Grande Estado-Maior Geral alemão elaborara um plano que era uma leve variação do Plano Schlieffen da Primeira Guerra Mundial: a pesada ala direita alemã invadiria os Países Baixos, viraria para o Sul e para Oeste pelo litoral, e flanquearia todo o exército aliado. É preciso observar que foi a Linha Maginot francesa que possibilitou aos alemães concentrar tantas tropas na ala direita. Guarnecer essa longa linha fortificada exigia grande parte do exército francês, e uma das falhas do projeto da linha era não haver ao longo dela nenhum lugar de onde se pudesse iniciar uma grande ofensiva. Os alemães sabiam disso e não temiam uma ofensiva francesa nessa área. Tinham 19 divisões diante da Linha Maginot, enquanto os franceses usavam 59 divisões para guarnecê-la[6].

Os aliados também se lembraram do plano Schlieffen. Recordaram que quase dera certo e fortaleceram bastante o efetivo da ala esquerda. Assim que a guerra começou, planejavam invadir os Países Baixos e esmagar os alemães antes que chegassem à França.

Mas nem todos na Alemanha gostavam do novo plano Schlieffen. O marechal de campo, Karl Gerd von Runstedt, um dos mais graduados generais do exército, não gostava dele. Adolf Hitler também não, mas *der Führer* fora apenas anspeçada na guerra anterior e cedeu à opinião dos profissionais do Grande Estado-Maior Geral. Erich von Manstein, chefe do Estado-maior de Runstedt, concordava com o seu comandante, o que seria de esperar. Além de discordar do plano do Grande Estado-Maior Geral, também tinha um plano alternativo que incluía um ataque um pouco ao norte da Linha Maginot, passando pelas montanhas das Ardenas. O Estado-Maior Geral dizia que os tanques não conseguiriam atacar pelas Ardenas. Mas Manstein consultou Guderian, e o especialista em tanques disse que podia ser feito. Mas não *seria* feito, disse o Grande Estado-Maior Geral.

Então, um avião que levava um oficial do Estado-maior com documentos relativos ao plano foi forçado a pousar na Bélgica. Assim, o plano teve de ser mudado. Adotou-se o plano de Manstein, Guderian comandou o ataque e a França caiu.

Assim, a Blitzkrieg alemã de 1944 não se deveu ao equipamento superior, mas à tática superior.

Mito nº 21
O Anspeçada Hitler era um Idiota Militar

Durante a Segunda Guerra Mundial, a imprensa dos Estados Unidos adorava ridicularizar Hitler, um anspeçada ignorante que tentava dizer aos generais como fazer guerra.

Na verdade, Hitler sabia muito bem que nunca subira acima do posto de anspeçada na guerra anterior e, na verdade, cedia com frequência aos generais, principalmente no início da guerra. Como vimos no último capítulo, quando convocados a invadir os Países Baixos e a França, os generais optaram por reciclar o plano Schlieffen e Hitler preferia o plano de Manstein; o plano dos generais não foi abandonado porque Hitler preferisse outro, mas porque o primeiro plano caiu em mãos aliadas.

Quatro anos depois, quando a situação era outra, os generais, inclusive von Runstedt, que antes preferira o plano de Manstein, tiveram certeza de que os americanos e britânicos tentariam desembarcar em Calais. Hitler achava que iriam para a Normandia, mas novamente deixou que os generais assumissem o comando — felizmente!

Hitler também tinha boas ideias sobre armas. Insistiu para que o canhão antiaéreo de 88 mm fosse remontado e usado também contra tanques. Ele se tornou o canhão antitanque mais extraordinário da guerra e, montado na torreta do tanque Tiger, um soberbo canhão para tanques também.

O mistério é por que Hitler cedeu tanto aos generais. Ele devia saber, pela sua experiência pessoal na Primeira Guerra Mundial, que a hierarquia militar pode cometer erros idiotas. Naquela guerra, Hitler recebeu uma Cruz de Ferro, mas permaneceu na base da hierarquia. Os seus superiores explicaram que, embora o anspeçada Hitler fosse um soldado corajoso, não tinha capacidade de liderança!

Os que riram de *der Führer* pareciam esquecer que é raro os verdadeiramente maus serem burros, e Hitler estava entre as pessoas mais más da história. Santos e demônios têm talento.

Adolph Hitler pode ter sido um maníaco homicida, mas muitas vezes superou os seus generais.

Mito nº 21

Hitler tinha algumas ideias fixas sobre armas que às vezes tinham resultados esquisitos. Por exemplo, ele gostava de armas *poderosas*. Foi por isso que ficou furioso quando o exército pôs canhões de 37 mm em torretas que podiam aguentar canhões de 50 mm. Se é para usar armas, as mais poderosas costumam ser a melhor opção.

Mas aí houve a StG 44.

Depois da Primeira Guerra Mundial, a intendência alemã decidiu que o Mauser 98, o fuzil de serviço, era poderoso demais. Durante a guerra, esta não parecia uma deficiência gritante, porque os fuzis de serviço de todos os outros países também eram poderosos demais. O Mauser, como o Springfield americano, o SMLE britânico, o Nagant russo e o Lebel francês, todos tinham precisão a um quilômetro e meio, e alcance fatal ainda maior. Mas quantos *soldados* em um exército em massa moderno tinham pontaria para um quilômetro e meio, ou mesmo a metade dessa distância? O preço pago por essa potência era um recuo violento que fazia os novos recrutas sacudir o gatilho e até fechar os olhos ao atirar.

Os especialistas em material bélico alemães sabiam que os fuzis totalmente automáticos estavam logo ali na esquina. O americano John Browning já desenvolvera o seu; o fuzil automático Browning (BAR, na sigla em inglês), modelo 1918, era uma coisa imensa e pesada, com quase 1,20 metro e pesava mais de sete quilos. Mas o recuo do poderoso cartucho .30-06 o tornava quase incontrolável no fogo totalmente automático. O BAR foi engordado e chegou a pesar quase nove quilos. Portanto, tinha de ser disparado com apoio e em rajadas curtas para obter o melhor resultado em modo totalmente automático. A solução óbvia era não tornar o fuzil da infantaria mais pesado do que o BAR e deixar os cartuchos menos poderosos.

Todos os exércitos, principalmente o alemão e o russo, tinham submetralhadoras (armas usadas ao ombro com cartuchos de pistola). Eram razoavelmente controláveis em modo totalmente automático, mas não muito eficazes a mais de 100 metros. A potência do novo cartucho teria de ficar entre o cartucho do fuzil de serviço da época e a munição de pistola. Provavelmente esse cartucho teria um invólucro menor, e o fuzil que o usasse, ação mais reduzida. Isso poderia levar a arma e a munição a ficarem mais leves. Dessa maneira, o infante conseguiria levar mais munição consigo.

Depois de muita experimentação, os alemães inventaram um novo cartucho e dois novos fuzis, um feito por Haenel e outro por Walther. Esse novo tipo de arma de infantaria foi chamado de "carabina mecânica" (em alemão, *maschinen karabiner*) e experimentado na frente russa. O Haenel, chamado de MKb42, mostrou-se a melhor arma, foi adotado em 1943 e projetado para substituir o fuzil, a submetralhadora e a metralhadora leve dos esquadrões de infantaria alemães.

Quando soube que um fuzil com cartucho "intermediário" substituiria o amado e velho Mauser, Hitler teve um ataque de fúria. Os generais acalmaram o *Führer* explicando que a nova arma era apenas uma submetralhadora mais poderosa e não substituiria o fuzil nem a metralhadora. Assim, a nova arma se tornou a MP (*maschinen pistole*) 43. Algum tempo depois, Hitler soube que os soldados da frente oriental tinham adorado a nova submetralhadora e queriam mais. Assim, ele ordenou o aumento da produção do MP 43. Decidiu que uma arma tão poderosa merecia um nome mais adequado e ela se tornou o Sturmgewehr 44. A tradução de *sturmgewehr* é "fuzil de assalto", hoje a arma padrão da infantaria de todos os países do mundo. (Nos Estados Unidos, *fuzil de assalto* é um nome erroneamente aplicado a fuzis semiautomáticos comuns com mudanças superficiais que os deixam parecidos com armas militares.)

Na verdade, o maior erro militar real de Hitler foi a decisão de atacar Stalingrado. *Stalin* significa "aço" em russo, e

MITO Nº 21

Stalingrado, em certa época, foi a Pittsburgh da Rússia. No entanto, Hitler supôs que a cidade era o símbolo de Josef Stalin, seu rival pelo título de pior homem do mundo. O ataque visava originalmente aos campos petrolíferos do Cáucaso, porque a Alemanha estava ficando sem combustível. O ataque era a única esperança da Alemanha de continuar na guerra, mas Hitler estragou a oportunidade e com isso perdeu um exército. O ego de Stalin estava tão envolvido quanto o de Hitler, e o exército de Stalin era maior.

O fracasso de Stalingrado aumentou muito a animosidade do exército para com Hitler. Enquanto ele varria a maior parte da Europa, os generais ficaram muito contentes, mas quando pareceu que iam perder a guerra, decidiram se livrar dele. Em uma visita às tropas na Rússia, alguns oficiais deram a Hitler várias garrafas de vinho. Hitler não bebia e as deu a um auxiliar, o coronel Brandt. Parece que Brandt também não bebia e as deu a alguns oficiais que encontrou no caminho de volta. O vinho estava envenenado. O que aconteceu depois disso, não se sabe.

Os generais, então, decidiram que não conseguiriam matar Hitler por controle remoto; um deles teria de cumprir a função. Mas o único com coragem suficiente era Claus von Stauffenberg, coronel que perdera um braço e só tinha três dedos na mão que lhe restava. Não poderia atirar. Teria de usar uma bomba.

Stauffenberg levava a bomba em uma pasta quando se encontrou com Hitler e o Estado-maior no quartel-general do *Führer*. Hitler examinava alguns planos. Stauffenberg se uniu ao grupo à mesa e ficou entre Hitler e um mastro pesado que ajudava a sustentar o telhado do quartel-general. Pôs a pasta ali, entre Hitler e o mastro. Então, saiu. Lá dentro, o coronel Brandt quis dar uma olhada nos planos. Tentou se espremer no lugar que Stauffenberg ocupara, mas a pasta estava no caminho. Pegou-a e colocou-a do outro lado do mastro.

Lá fora, Stauffenberg ouviu a explosão e avisou pelo telefone aos conspiradores que a operação fora um sucesso. Não fora. O mastro protegera Hitler. Stauffenberg foi morto antes do dia acabar e Hitler reagiu com um massacre sangrento de seus antigos partidários.

Nove meses depois, tirou a própria vida.

Hitler cometeu muitos erros, mas se tivesse seguido os conselhos dos generais antes da Batalha da França ou do Dia D, teria perdido a guerra muito antes.

Mito nº 22
Os Mísseis Nucleares são a Arma Suprema

O desenvolvimento do aeroplano no início do século XX provocou profecias de todos os tipos sobre o fim do mundo. Provavelmente o mais influente desses profetas foi um artilheiro italiano que nunca voou e só tinha visto três aviões na vida quando publicou um artigo prevendo que, no futuro, haveria uma força aérea tão independente quanto os exércitos e as marinhas da época, e que dominaria a guerra. Ele propôs que a Itália construísse uma frota de 500 bombardeiros. Segundo ele, essa força poderia lançar 125 toneladas de bombas por dia e acabar com qualquer inimigo. Os alvos seriam fábricas, estradas, ferrovias e canais; centrais telefônicas e telegráficas, emissoras de rádio; prédios do governo e centros populacionais. Ele afirmou que os habitantes das cidades atingidas por bombas explosivas e de gás venenoso exigiriam do governo que fizesse a paz.

Outros assumiram a causa. O general J. F. C. Fuller, teórico militar britânico, disse que não seria necessário arrasar as cidades: "Bastará expulsar a população civil para que não possa continuar praticando sua vocação costumeira. Algumas bombas de gás farão isso"[1]. Outro comentarista militar britânico, o capitão Basil H. Liddell Hart, mostrava muito menos entusiasmo pelo gás; o envenenamento com gás de mostarda o tirara do exército por invalidez durante a Primeira Guerra Mundial. Mas ele achava que bombardear a população civil era uma boa ideia. Recomendou o bombardeio das áreas mais pobres das cidades inimigas. Afirmou que tal bombardeio deixaria a população das favelas "enlouquecida pelo impulso de libertar-se e saquear"[2].

Os entusiastas do poder aéreo chegaram a prever que a força aérea tornaria desnecessários o exército e a marinha tradicionais. Os britânicos estiveram entre os primeiros a criar uma força aérea independente, e o Comando de Bombardeiros da Royal Air Force (RAF) se destinava ao bombardeio estratégico de cidades. O problema era que os bombardeiros tinham pequeno alcance e não podiam levar muitas bombas. Os alemães, por outro lado, achavam que a força aérea tinha dois papéis: primeiro, facilitar a Blitzkrieg; segundo, defender as cidades. Eles produziram bombardeiros médios, bombardeiros de mergulho como o famoso *Stuka,* e aviões de caça como o Bf 109. Os britânicos também produziram caças excelentes, como o Hawker Hurricane e o Supermarine Spitfire.

Durante a Primeira Guerra Mundial, houve algum bombardeio de cidades com explosivos e dispositivos incendiários grosseiros, mas não o uso de bombas de gás. Na Segunda Guerra Mundial, os primeiros bombardeios notáveis de civis foram os ataques da Luftwaffe a Varsóvia e Rotterdam. No entanto, este último foi um erro; as autoridades holandesas negociavam a paz com os alemães quando as bombas caíram.

Depois da queda da França, os alemães conseguiram instalar seus aviões de curto alcance na Europa Ocidental. Começaram a atacar a Grã-Bretanha para preparar uma invasão. Os alemães se concentraram em bases aéreas, fábricas e alvos na-

Caças a jato americanos lançam bombas.

vais até que, certa noite, alguns aviões alemães se perderam e lançaram as bombas sobre a cidade de Londres escurecida. Os britânicos reagiram atacando Berlim. Não foi um grande ataque; a principal força da RAF eram os caças, não os bombardeiros; porém, como os alemães descobriram, mesmo assim eles eram bem fortes nesse quesito. Hitler, ofendido, ordenou mais ataques a Londres. Esse foi outro dos seus erros. Caso se concentrasse nos alvos militares, isso talvez lhe permitisse a invasão da Grã-Bretanha, mas ao mudar a meta para os civis, ele abriu mão da possibilidade de vitória.

Mais tarde, quando os alemães estavam ocupados na Rússia, os britânicos passaram a bombardear cidades alemãs, e quando os Estados Unidos entraram na guerra, os americanos se uniram a eles. Os primeiros ataques aéreos não foram muito eficientes. Os ataques britânicos tinham de ser realizados à noite, porque não havia caças de longo alcance para escoltar os bombardeiros. Todas as cidades alemãs mantinham as luzes apagadas, e os pilotos, confiando na interseção de ondas de rádio, às vezes erravam cidades inteiras. Um relatório de bombardeio britânico no Ruhr, em agosto de 1941, revela que apenas um décimo dos aeroplanos chegaram a menos de oito quilômetros dos alvos designados. O Estado-maior da Aeronáutica britânica afirmou que "o único alvo em que a força noturna conseguiria provocar dano efetivo seria uma cidade alemã inteira"[3].

Quando os americanos entraram na guerra, contaram com o poder de fogo do B-17 com a famosa mira Norden. As metralhadoras .50 da chamada "fortaleza voadora" eram defesa inadequada contra os canhões e foguetes dos caças alemães, e a mira Norden se mostrou a arma mais superestimada da guerra. Os americanos logo adotaram a estratégia britânica de bombardeio noturno, que dependia de um sistema eletrônico de navegação aprimoradíssimo. Os britânicos também mandaram aeronautas especialmente treinados que pilotavam aviões especiais — em geral, o velocíssimo Mosquito, que voava a elevada altitude — para localizar alvos e lançar sobre eles tochas. Mais tarde, o P-51, caça americano de longo alcance, provocou o reinício do bombardeio diurno. Além de ter alcance suficiente para escoltar os bombardeiros até a Alemanha oriental, o P-51, que os britânicos chamavam de Mustang, também era mais veloz, voava mais alto e era mais fácil de manobrar do que todos os caças alemães. O sucesso do Mustang induziu os britânicos a recomeçar os bombardeios diurnos. Nisso, os bombardeiros britânicos eram muito maiores e mais poderosos do que os do início da guerra, capazes de lançar a bomba "Grand Slam" de 22.000 libras (9.979 kg).

As forças aéreas aliadas eram muito mais destrutivas do que a Luftwaffe, mas os ataques não conseguiram afetar muito o esforço de guerra alemão. Áreas enormes das cidades alemãs foram arrasadas, com 600.000 alemães mortos e mais 800.000 feridos, mas os civis alemães não se levantaram contra o governo, assim como os civis britânicos não se ergueram contra o governo deles durante a "Blitz".

O efeito dos bombardeios sobre a produção bélica alemã foi espantosamente ineficaz. Em 1942, os britânicos lançaram 48.000 toneladas de bombas e os alemães produziram 38.000 armas pesadas (artilharia, tanques e aviões). Em 1943, os britânicos lançaram 207.600 toneladas de bombas e os alemães produziram 71.693 armas pesadas. Em 1944, os aliados lançaram 915.000 toneladas de bombas, e as fábricas alemãs produziram 105.258 armas pesadas. A produção bélica alemã continuou a aumentar até 1945, quando os exércitos aliados invadiam o continente europeu e a própria Alemanha[4].

Liddell Hart, que recomendara o bombardeio de favelas inimigas para levar os habitantes a "libertar-se e saquear", mudou de ideia depois de estudar o seu efeito. "O potencial das forças aéreas aliadas era muito maior do que o que conseguiam", escreveu. "Especificamente, os britânicos adotaram o bombardeio por área muito depois de não terem mais razões nem desculpa para essa ação indiscriminada."[5]

Enquanto a guerra prosseguia na África e na Europa, os Estados Unidos lutavam quase sozinhos com o Japão. Em 1942, o bombardeio de Tóquio por aviões B-25 estacionados em porta-aviões provocou poucos danos materiais, mas foi um golpe no moral japonês e levou à desastrosa (para o Japão) Batalha de

Midway. Mas conforme a guerra continuava, os Estados Unidos conquistaram o controle de Guam, deixando as ilhas do arquipélago do Japão ao alcance dos bombardeiros B-29.

O general Curtis LeMay iniciou uma nova campanha aérea contra o Japão. Na época, os japoneses quase não tinham combustível porque, em consequência dos submarinos, navios e aviões americanos, quase não tinham capacidade de transporte marítimo. Além disso, quase todas as suas fábricas de aviões estavam destruídas. Como resultado, a maioria dos caças de interceptação também se fora. Não havia mais necessidade de bombardeio de precisão em altitude elevada. A estratégia de LeMay foi puro terrorismo aéreo: ataques noturnos de baixa alti-

Porta-aviões americano combate aviões japoneses durante a Segunda Guerra Mundial.

tude para lançar milhões de bombas incendiárias nas cidades japonesas, quase todas com casas de madeira.

Em 8 de março de 1945, 325 B-29s armados exclusivamente com bombas incendiárias atacaram Tóquio e Yokohama. Provocaram a maior tempestade de fogo da história. Milhares de pessoas morreram sufocadas, porque o fogo sugou do ar todo o oxigênio. Pelo menos 267.000 prédios arderam totalmente, cerca de 40 km² de área urbana densamente povoada, e o calor das chamas fez a água dos canais das cidades ferver. O número de baixas em um único ataque chegou a 89.000 mortos, ou 20.000 mais do que todos os britânicos mortos em ataques aéreos durante toda a guerra. Os ataques incendiários não paravam. Em julho, 60% da área das 60 maiores cidades do país tinham sido queimados. Mas o povo japonês não clamava ao governo para fazer a paz.

Nessa época, os Estados Unidos tinham bombas nucleares e os americanos atacaram Hiroshima e Nagasaki, duas cidadezinhas sem alvos militares nem industriais; todos os alvos japoneses dignos de nota já tinham sido destruídos. Em 6 de agosto de 1945, a primeira bomba atômica explodiu sobre Hiroshima, matando 78.000 pessoas. Três semanas depois, a segunda bomba atingiu Nagasaki, matando 25.000.

Nenhum dos ataques foi tão letal quanto o de Tóquio, nem se comparou às baixas e danos causados pela série de ataques com bombas incendiárias. Mas deram ao governo japonês uma boa desculpa para pedir a paz.

O Japão é formado por ilhas. Sem navios, combustível nem aviões, estava isolado. O povo passava fome; milhões de habitantes estavam desabrigados. Mas só se renderiam quando o imperador mandasse. Várias bombas atômicas não conseguiriam piorar a situação. As previsões de Giulio Douhet e seus seguidores antes da guerra mostraram-se infundadas. O uso futuro das armas nucleares mudaria isso? É improvável, mas tomara que nunca tenhamos de descobrir.

A última bomba da Segunda Guerra Mundial: a bomba atômica explode sobre Nagasaki.

Mito nº 23
Douglas Macarthur foi o Maior Herói Militar Americano

Em 10 de abril de 1951, o general de exército Douglas MacArthur foi destituído do comando americano do Extremo Oriente. O fato, ainda que não fizesse o mundo tremer, sem dúvida abalou o país, principalmente a elite política de Washington. Os parlamentares republicanos começaram a falar do general como possível candidato a presidente. Harry Truman, o maior inimigo de MacArthur, era, na época, o presidente menos popular das últimas décadas.

Então a explosão MacArthur começou a murchar. A Comissão das Forças Armadas do Senado examinou a destituição e concluiu que o presidente Truman agira corretamente. Henry Luce, dono da editora e fã de MacArthur há muito tempo, queria fazer do general o Homem do Ano da revista *Time*. Os seus editores o dissuadiram.

O que aconteceu?

No decorrer dos 52 anos da sua carreira militar, é provável que MacArthur tenha recebido publicidade favorável mais do que ninguém. As revistas *Time*, *Life* e *Fortune*, da editora de Luce, praticamente o canonizavam. Até escritores estrangeiros lhe entoavam louvores (embora às vezes um tanto desafinados). Por exemplo, A. J. P. Taylor, historiador britânico muito respeitado, diz: "Foi uma profunda ironia da guerra que o general MacArthur seguisse uma estratégia marítima flexível enquanto o almirante Nimitz continuasse a pensar em termos militares convencionais"[1]. (Isso embora Nimitz pulasse de ilha em ilha ao atravessar o Pacífico, contornando fortalezas japonesas como Truk.) B. H. Liddell Hart, outro britânico, diz de MacArthur: "Sua combinação de personalidade forte, compreensão estratégica, talento tático, mobilidade operacional e visão o deixou em uma classe acima dos comandantes aliados em todos os teatros". Essa é uma avaliação que a ficha do general mostrará ter sido meio exagerada[2]. Dois outros historiadores britânicos, John Keegan e Andrew Wheatcroft, não apenas dizem que ele era mais bonito do que o pai, outro general famoso, afirmam que ele era "um dos Grandes Capitães fisicamente mais extraordinários", o que beira a bajulação ridícula[3].

Embora não chegasse à altura da estimativa de seus fãs ardorosos, Douglas MacArthur não tinha nada de insignificante. Era um homem brilhante que, em West Point, se formou como o primeiro da turma. Era corajoso e recebeu um número estonteante de medalhas. Era um político astuto, um mestre na política interna do Departamento do Exército e, mais tarde, do Departamento de Defesa, e foi de uma eficiência extraordinária como xógum de fato no Japão ocupado.

MacArthur vinha de uma família talentosa. O avô era um imigrante escocês que se tornou juiz. O pai, Arthur MacArthur Jr., recebeu quando adolescente a Medalha de Honra pelo heroísmo na Batalha de Missionary Ridge, na Guerra de Secessão, e acabou se tornando o general mais graduado do exército americano. Arthur MacArthur III, irmão de Douglas, ganhou a Cruz da Marinha e a Medalha de Distinção em Serviço, além do comando de um encouraçado, antes de morrer em 1923.

MITO Nº 23

Arthur MacArthur Jr. foi general comandante nas Filipinas durante a Guerra Filipino-Americana e, com relutância, aprovou a expedição secreta do brigadeiro-general Frederick Funston que capturou o presidente filipino Emilio Aguinaldo. Funston e mais quatro oficiais teriam de ir ao quartel-general de Aguinaldo disfarçados de prisioneiros de guerra, escoltados por uma companhia de filipinos leais aos americanos.

— Funston, essa é uma iniciativa desesperada. Acho que nunca mais o verei — disse MacArthur[4].

Mas Funston foi bem-sucedido. Aguinaldo se rendeu, assim como a maioria dos seus oficiais. Apesar do clamor nos Estados Unidos para enforcar Aguinaldo, MacArthur fez amizade com o ex-presidente e com um dos seus assessores, um rapaz muito jovem chamado major Manuel Quezon, que mais tarde se tornou presidente das Filipinas.

Apesar das suas realizações, Arthur MacArthur não deixava de ter os seus críticos. O coronel Enoch H. Crowder, um dos seus assessores, disse: "Arthur MacArthur foi o homem mais ostensivamente egoísta que já vi, até que conheci o filho"[5].

A morte de Arthur MacArthur não poderia ter sido mais teatral. O seu antigo regimento da Guerra da Secessão, o 24º de Wisconsin, realizou a sua reunião anual em 5 de setembro de 1912. Somente 90 veteranos de Missionary Ridge ainda estavam vivos. Arthur MacArthur, ex-comandante do regimento, faria o principal discurso. Mal começara a falar quando caiu no palco. O Dr. William J. Cronyn, que fora médico do regimento, pulou no palco e examinou o velho soldado.

— Camaradas — disse, — o general está morrendo[6].

O reverendo Paul B. Jenkins, que fora capelão do regimento, comandou os veteranos em um Pai-Nosso. Quando terminaram, o Dr. Cronyn disse que o general estava morto. O capitão reformado, Edward Parsons, foi até a parede e retirou a bandeira esfarrapada que MacArthur levara ao subir a Missionary Ridge. Cobriu com ela o corpo do general e então também caiu. Duas semanas depois, morreu.

Em 1903, o filho Douglas MacArthur participou da ação nas Filipinas. Foi pego em uma emboscada e, segundo disse, matou dois guerrilheiros filipinos. Dois anos depois da morte do pai, ele se envolveria em uma espetacular façanha de espionagem.

A revolução mexicana, que começou em 1910, resultara na tomada da presidência por um general inescrupuloso chamado Victoriano Huerta. O presidente americano Woodrow Wilson, que achava que todos os mexicanos eram seres inferiores e precisavam dos conselhos dos Estados Unidos, o detestava e recusou-se a reconhecer o seu governo. Em 10 de abril de 1914, alguns marinheiros americanos que desembarcaram em Tampico para buscar a gasolina que já tinham encomendado foram presos por engano. Antes que os soldados mexicanos os levassem a algum lugar, surgiu um oficial que os libertou. O oficial pediu muitas desculpas. O mesmo fez o comandante da guarnição de Tampico.

Isso não bastou para o almirante Henry T. Mayo. Sem consultar ninguém em Washington, mandou um ultimato ao próprio Huerta, exigindo que içasse "publicamente a bandeira americana em lugar de destaque e a saudasse com vinte e um canhões"[7].

A exigência não tinha precedentes na lei internacional, mas o presidente Wilson apoiou Mayo. Huerta se recusou a saudar a bandeira de um governo estrangeiro que não admitia a existência do seu.

Então o governo soube que um navio alemão estava a caminho de Veracruz com armas para o exército de Huerta. Wilson ordenou que a marinha americana ocupasse Veracruz, o que foi feito[8]. Mais tarde, Wilson mandou soldados do exército para uma ocupação prolongada da cidade. Quem os comandava era

Mito nº 23

o brigadeiro-general Frederick Funston, que capturara Aguinaldo nas Filipinas.

Nesse momento, a guerra com o México se tornou uma possibilidade clara. O general de brigada Leonard Wood, chefe do Estado-maior do exército, decidiu que precisava de mais informações sobre a área de Veracruz. Mandou seu ajudante de ordens, o capitão Douglas MacArthur, obtê-las lá. MacArthur não deveria falar com ninguém, nem mesmo com Funston. Assim, Wood ignorava Frederick Funston, o mais bem-sucedido agente secreto da história do exército — Leonard Wood, cuja realização mais notável nas Filipinas foi a matança de 900 homens, mulheres e crianças no infame massacre da Cratera dos Moros.

MacArthur foi a Veracruz. Em caso de guerra, a cidade portuária seria um ponto de entrada óbvio para uma tropa invasora. Também era um centro ferroviário e havia muitos vagões nos pátios, mas nenhuma locomotiva. MacArthur contratou três mexicanos por 150 dólares em ouro e pegou um trole emprestado para procurar as locomotivas sumidas. Ele usava a farda do exército americano para que não o acusassem de espionagem.

Primeiro, revistou os homens e encontrou uma faca e um revólver. Depois, deixou que o revistassem. Os mexicanos descobriram que ele não tinha dinheiro e que a sua arma era uma pistolinha Remington de cano duplo, uma arma fácil de esconder e favorita dos jogadores do Oeste. Ele ficou com a pistolinha.

Ela era eficaz a alguns metros, mas extremamente imprecisa, com pouca potência e ainda menos penetração. O seu cartucho .41 de percussão anelar tinha cerca de 105 joules de energia na boca — menos do que o cartucho .22 comum do fuzil longo. O falecido Elmer Keith, famosa autoridade em armas de fogo, diz em seu livro *Sixguns* que, a menos que a atingisse em ângulo reto, o projétil da pequena Remington não perfuraria uma lata[9].

MacArthur e os mexicanos encontraram cinco locomotivas em Alvarado. No caminho de volta, ele contou ter sido atacado por cinco homens armados. Conseguiram correr mais depressa do que todos, menos dois, que MacArthur disse ter atingido com a pistolinha. Um pouco depois, 15 homens os atacaram; MacArthur disse ter atingido quatro e os outros fugiram. Mais três homens os atacaram, mas eles correram mais depressa do que todos, menos um. MacArthur afirmou ter atingido o homem e o seu cavalo. O cavalo caiu sobre os trilhos e teve de ser arrastado. Quando se apresentou, MacArthur tinha vários buracos de bala nas roupas.

Por essa façanha, MacArthur foi indicado para a Medalha de Honra, a maior condecoração do país. Contudo, provavelmente devido aos detalhes improváveis da história — matar um cavalo e atingir sete cavaleiros com a pistolinha —, não a recebeu. No entanto, a comissão examinadora disse que "conceder a condecoração recomendada poderia estimular qualquer outro oficial de Estado-maior, em condições semelhantes, a ignorar o comandante local, talvez interferindo com os planos deste último"[10]. Essa seria uma causa sensata de rejeição caso a expedição tivesse sido ideia de MacArthur. Mas não foi. A rejeição da comissão, entretanto, foi melhor do que chamar de mentiroso o filho do general mais graduado no exército. Seja como for, MacArthur não recebeu medalha nenhuma.

Na Primeira Guerra Mundial, MacArthur foi promovido a major, depois a coronel, e se tornou chefe do Estado-maior da 42ª Divisão. Não era como o pomposo coronel Blimp dos quadrinhos humorísticos. Ele participou da luta de trincheiras e ajudou a capturar prisioneiros inimigos. Foi promovido a brigadeiro-general. Recebeu a Cruz de Distinção em Serviço, cinco Estrelas de Prata, duas *Croix de Guerre* e o grau de comandante da *Legion d'honneur*. Foi ferido e novamente indicado para a Medalha de Honra. Em vez dela, recebeu outra Cruz de Distin-

MITO Nº 23

ção em Serviço. MacArthur era conhecido como o "Belo Brummel" da Força Expedicionária americana. Alterou o quepe para que tivesse o ar de "esmagado por 40 missões", depois popular entre os pilotos da Segunda Guerra Mundial, e usava suéteres de cor viva. Em certo momento, foi capturado por soldados americanos que acharam que fosse um general alemão. Na véspera do armistício, foi promovido a comandante da 42ª Divisão.

Em tempo de paz, MacArthur foi comandante de West Point e serviu novamente nas Filipinas, onde renovou antigas amizades, inclusive com Manuel Quezon, o amigo do seu pai. Tornou-se o mais jovem general de brigada do exército. Em 1930, foi nomeado chefe do Estado-maior do exército. Em 1935, as Filipinas se tornaram semi-independentes. Quezon, o presidente filipino, convidou MacArthur para se tornar marechal de campo do exército de lá. Ele aceitou e, por algum tempo, recebeu tanto o soldo de general de brigada americano quanto de marechal de campo filipino, até se reformar no exército americano em 1937.

No final da década de 1930, nuvens de guerra se juntavam sobre o Atlântico e o Pacífico. Entre os soldados do Pacífico e em quase todo mundo na marinha americana, havia a sensação geral de que os Estados Unidos logo entrariam em guerra com o Japão, ainda mais depois que os japoneses torpedearam e afundaram a lancha torpedeira *Panay*, da marinha, no rio Yang-tsé. MacArthur e Quezon pediram aos Estados Unidos ajuda para as forças armadas filipinas. Conseguiram alguma, mas não o suficiente. Em vez de coturnos de campanha, por exemplo, os soldados filipinos receberam tênis[11].

Embora muitos temessem um ataque japonês às Filipinas, MacArthur era uma alma otimista. Disse que não acreditava que os japoneses atacariam e que, se atacassem, confiava que as Filipinas conseguiriam se defender. Conforme a situação do mundo ficava mais agourenta, o presidente Franklin Roosevelt trouxe MacArthur de volta para a ativa e federalizou o exército filipino. Quando a Segunda Guerra Mundial rompeu na Europa, os Estados Unidos se dedicaram à política de "primeiro, a Europa", e os planos de defesa das Filipinas se reduziram. Foi adotado o "plano Laranja", que exigia a concentração em torno de Manila, principalmente na península de Bataan e na ilha-fortaleza de Corregidor. MacArthur ignorou o plano e distribuiu suas tropas por todo o arquipélago.

Enquanto aviões japoneses baseados em porta-aviões atacavam Pearl Harbor, outras aeronaves japonesas se agrupavam em Formosa (hoje, Taiwan). Era noite nas Filipinas e em Formosa durante o ataque a Pearl Harbor. Os japoneses planejavam decolar de Formosa às 2h30min da madrugada para chegar às Filipinas ao amanhecer, mas não conseguiram decolar devido a um tremendo nevoeiro. Os comandantes japoneses temiam que os aviões americanos das Filipinas os pegassem em terra.

Em 19 de novembro, MacArthur recebeu ordens de, caso rompessem as hostilidades, atacar qualquer tropa japonesa que estivesse ao alcance. Quando soube do ataque a Pearl Harbor, o general de brigada Lewis Brereton, comandante da força aérea de MacArthur, tentou obter a aprovação deste para bombardear os aviões japoneses em Formosa. O brigadeiro-general Richard Sutherland, chefe do Estado-maior de MacArthur, não o deixou falar com ele nem aprovou o plano de Brereton. Este tentou de novo quando soube que aviões japoneses baseados em porta-aviões tinham bombardeado um navio da marinha americana ao largo da ilha de Mindanao, ao Sul. Mesmo resultado.

Finalmente, às 11 horas, MacArthur aprovou o bombardeio. Brereton ordenou que os aviões pousassem para reabastecer. Ainda se reabasteciam quando os japoneses chegaram, às 12h20min, e destruíram a maior parte deles em terra. Os navios da marinha americana nas Filipinas, privados de proteção aérea, zarparam.

Mito nº 23

Em Pearl Harbor, o almirante Husband Kimmel e o general Walter Short foram pegos de surpresa. A fúria que provocaram por estarem despreparados foi tremenda. Falou-se em corte marcial. Isso não aconteceu, mas ambos foram imediatamente reformados. Nas Filipinas, MacArthur teve *nove horas de antecedência*. Então os japoneses invadiram e encurralaram suas tropas muito mais numerosas na península de Bataan. MacArthur não foi levado à corte marcial. Não foi reformado. Tornou-se comandante supremo das forças aliadas no sudoeste do Pacífico.

A força japonesa de invasão das Filipinas tinha um efetivo de 129.435 homens; o efetivo de MacArthur era de cerca de 151.000 homens. Mas os soldados americanos e filipinos não estavam tão bem equipados e eram menos bem-treinados. A responsabilidade pelo equipamento pior é da mesquinhez do governo americano e da política "primeiro, a Europa", mas boa parte da responsabilidade pela falta de instrução cabe a Douglas MacArthur.

Os soldados americanos e filipinos recuaram para a península de Bataan, onde tiveram de se aguentar durante três meses. Quezon e MacArthur, com a família e o Estado-maior, se enfiaram em Corregidor, onde MacArthur ganhou o apelido de "Dugout Doug", ou "Doug Esconderijo".

Em 11 de março de 1942, MacArthur, a família e o Estado-maior foram evacuados das Filipinas e levados para a Austrália, onde ele tomou posse do seu novo posto de comandante do sudoeste do Pacífico. Também recebeu a Medalha de Honra para a qual, sem sucesso, fora indicado duas vezes. A razão declarada? Para elevar o moral dos soldados.

A última mensagem de MacArthur a Jonathan "Skinny" ["Magrelo"] Wainwright, que assumiu o comando, foi: "Oponho-me absolutamente, sob quaisquer circunstâncias ou condições, à capitulação final desse comando. Se faltar comida, prepare e execute um ataque ao inimigo"[12].

MacArthur observa o desembarque ao largo de Inch'on, na Coreia.

Durante o restante da guerra, MacArthur se comportou com competência, embora, como sempre, fosse rápido ao reivindicar créditos que não lhe eram devidos. Por exemplo, declarou a vitória na Batalha do Mar de Coral, embora a única participação de suas tropas fosse um ataque de bombardeiros baseados em terra que não atingiu nenhum alvo digno de nota. Todo o combate efetivo foi realizado por navios e aviões da marinha, que não estavam sob o seu comando.

Ele se tornou governador militar do Japão ocupado e lá demonstrou o seu talento para a política. Praticamente a única mancha negra do seu reinado foi o tratamento que deu a Yamashita Tomoyuki, o "Tigre da Malásia", que era o maior herói de guerra japonês. Parece que MacArthur queria enforcar um criminoso de guerra antes dos aliados em Nuremberg, e Yamashita foi condenado por atrocidades cometidas pelas forças navais japonesas em Manila quando estava totalmente isolado delas.

Então veio a Guerra da Coreia e a queda de MacArthur.

No Acordo de Ialta, os aliados trataram a Coreia como se fosse colônia do Japão, e não um país libertado. Seria governada por uma administração composta por Estados Unidos, Grã-Bretanha, China e URSS. Na verdade, ela foi dividida entre a zona americana (Coreia do Sul) e a soviética (Coreia do Norte). MacArthur, ocupado tentando transformar o Japão em democracia, não deu atenção à Coreia. Parecia pensar que era território conquistado e se recusou a permitir que tivesse um exército com armas pesadas. Os russos, por outro lado, criaram um Estado comunista com Kim II Sung, nascido na Rússia, como ditador[13].

A Coreia do Norte recebeu tanques, artilharia e armas de infantaria russas, e os seus soldados foram treinados por veteranos russos da guerra recente. Quando Kim os mandou cruzar a fronteira, os sul-coreanos pouco puderam fazer para detê-los. Na época, a União Soviética boicotava as Nações Unidas e não pôde vetar a decisão do Conselho de Segurança de intervir militarmente e tornar MacArthur comandante das tropas da ONU.

As tropas americanas de MacArthur dominavam o ar e o mar, mas não podiam impedir que os coreanos do norte se movessem por aquela península coberta de florestas e montanhas. No Japão, MacArthur tinha quatro divisões do exército, mas estavam espalhadas e mais equipadas para os deveres da ocupação do que para a guerra. Foram mandadas às pressas para a Coreia enquanto mais soldados começavam a chegar dos Estados Unidos. Demoraria um pouco até que chegassem soldados de outros países da ONU (e muitos nem chegaram). Os soldados americanos e sul-coreanos formaram um perímetro em torno do grande porto sulista de Pusan e, finamente, vieram alguns soldados da ONU para fortalecer a linha.

MacArthur propôs um desembarque anfíbio mais ao norte para chegar à retaguarda dos norte-coreanos concentrados em torno de Pusan. "O mais notável desse plano era ser o que a situação praticamente exigia, e ainda assim MacArthur teve de travar uma batalha teimosa com o escalão mais graduado das forças armadas americanas, os chefes do Estado-maior conjunto, para aprová-lo", escreveu o historiador bélico Bevin Alexander[14].

Os japoneses usaram essa tática várias vezes quando desceram pela península malaia. Os Estados Unidos tinham ainda mais experiência em táticas anfíbias na guerra do Pacífico. Mas os chefes do Estado-maior conjunto se recordaram da cabeça de praia de Anzio, um fiasco que por pouco não virou desastre durante a guerra na Europa. MacArthur ressaltou que em Inch'on, onde desembarcaria os soldados, não havia quase nenhuma força norte-coreana; quase todos os soldados da Coreia do Norte estavam no Sul, em torno de Pusan. O único problema de Inch'on eram as marés e a lama. A diferença entre as marés alta e baixa era de 10 m e, quando baixa, a maré expunha uma planície de lama de um quilômetro e meio que deteria todo barco ou veículo terrestre e, provavelmente, dificultaria até andar a pé.

Mas MacArthur tinha uma arma secreta para cuidar das marés e da lama. O seu nome era Eugene E. Clark, um tenente da marinha (posto que, nos Estados Unidos, equivale a capitão do exército). Clark era um "mustang", um oficial da marinha que já fora soldado alistado. Era especialista no litoral coreano e tinha experiência em operações de espionagem. Clark e dois oficiais sul-coreanos se infiltraram no porto de Inch'on e coletaram informações sobre as marés e possíveis pontos de desembarque enquanto organizavam a população local em uma tropa guerrilheira e até travavam uma batalha naval com juncos armados de metralhadoras.

MITO Nº 23

O desembarque foi mamão com açúcar. Segundo o general de divisão Matthew B. Ridgway, um dos resultados "foi o desenvolvimento de um respeito quase supersticioso pela infalibilidade do general MacArthur. Parecia que até os seus superiores começavam a duvidar que devessem questionar *qualquer uma* das suas decisões"[15].

Com os americanos pela retaguarda, os coreanos do norte recuaram precipitadamente. Os americanos foram atrás. MacArthur chamou de "Corpo X" a tropa que desembarcou em Inch'on e entregou o comando ao general de brigada Edward "Ned" Almond, o seu chefe do Estado-maior. Almond era um típico oficial do Estado-maior de MacArthur, bajulador diante do Grande Homem e arrogante com todo o resto. Depois do desembarque em Inch'on, os navios levaram o Corpo X para o litoral leste, enquanto o Oitavo Exército (o resto dos soldados americanos) seguia para o Norte pela costa oeste. As duas unidades só tinham contatos tênues.

Nesse momento, os coreanos do norte estavam todos fora da Coreia do Sul. MacArthur não tinha mandado da ONU para invadir a Coreia do Norte, mas decidiu unificar o país. Parece que Truman concordou com ele. Os chineses avisaram que, se as tropas da ONU chegassem ao rio Yalu, fronteira entre a China e a Coreia, eles teriam de intervir.

MacArthur zombou da ideia de intervenção chinesa. Gabou-se de entender a "mente oriental". Sabia que os chineses não interviriam — assim como sabia que os japoneses jamais invadiriam as Filipinas. Quando os seus soldados no Yalu capturaram alguns prisioneiros chineses, ele não mudou de ideia. Disse que eram apenas alguns voluntários.

O governo chinês também afirmou que os chineses na Coreia eram voluntários. Quatro exércitos de campanha com toda a estrutura de comando intacta, mais toda a artilharia, as metralhadoras e os morteiros, todos eram voluntários, e o governo chinês não se envolveu. Mais tarde, os soldados americanos de licença (uma semana de descanso e recuperação) puderam ir a Hong Kong, do outro lado da fronteira da China, e visitar a pátria dos soldados com quem lutavam na Coreia.

Aqueles quatro exércitos chineses se esgueiraram pelas brechas da linha da ONU, principalmente a grande brecha entre o Corpo X e o Oitavo Exército. Eles empurraram as tropas da ONU pela península abaixo quase tão depressa quanto as tropas da ONU tinham empurrado os norte-coreanos pela península acima.

"Dugout Doug" ligou o botão de pânico. Seis dias depois de começada a ofensiva chinesa, MacArthur mandou um telegrama aos chefes do Estado-maior conjunto dizendo que, a menos que recebesse pesados reforços, o seu exército ficaria confinado a uma minúscula cabeça de praia, e então "enfrentando a inteira nação chinesa", seria destruído[16].

Os chefes disseram: "Acreditamos que não devemos comprometer nossas forças terrestres remanescentes com a ação contra as tropas comunistas chinesas na Coreia em face do aumento da ameaça de uma guerra geral". E recomendaram que ele lutasse em uma sucessão de posições defensivas[17].

Em seguida, MacArthur propôs que os Estados Unidos reconhecessem que estavam em guerra com a China, não apenas com alguns "voluntários" chineses — que chegaram a consistir de oito ou nove exércitos de campanha. Então poderiam bloquear a China, bombardear suas cidades e fábricas e levar os nacionalistas chineses de Taiwan a se unir à luta na Coreia e atacar o litoral da China continental. Ele não via que o bloqueio da China, dadas as suas imensas fronteiras terrestres com a União Soviética, seria inútil, enraiveceria aliados como os britânicos, que perderiam o contato com Hong Kong, e nunca seria aprovado pelas Nações Unidas. Naquela época, a China não era a potência industrial que é hoje; alguns soldados chineses só ti-

Mito nº 23

nham meia dúzia de granadas de mão, e esperava-se que recolhessem as armas dos camaradas caídos; tinham poucas fábricas a bombardear. Quanto aos nacionalistas chineses, o presidente Syngman Rhee, da Coreia do Sul, disse que, se chegassem à Coreia, ele tiraria os seus soldados das linhas de frente e expulsaria para o mar os homens de Chiang Kaishek (líder militar e político da China nacionalista).

MacArthur mandou um telegrama sobre a situação do seu exército. "Os soldados estão cansados pela campanha longa e difícil, amargurados com a propaganda vergonhosa que condenou falsamente sua coragem e qualidade em combate em uma manobra retrógrada mal entendida, e seu moral se tornará uma grave ameaça à eficiência em combate a menos que a base política sobre a qual lhes pedem que troquem vida por tempo seja claramente delineada, totalmente compreendida, e tão motivadora que os riscos da batalha sejam aceitos com alegria."[18]

Se alguém lançava calúnias injustas sobre os seus homens, era o próprio MacArthur. Ele nada sabia do moral dos soldados, porque raramente ia à Coreia.

É verdade que o moral não era o melhor possível durante a retirada constante de dezembro de 1950, mas agora os soldados em terra tinham um novo comandante, Matthew B. Ridgway. Os soldados tinham uma nova postura e travavam uma nova guerra.

Quando chegou à Coreia, Ridgway ficou chocado com o que viu. A comida era escassa e se atrasava com frequência. Os soldados não tinham fardamento de inverno. Unidades tinham sido flanqueadas por não haver soldados amigos ao seu lado. Para os infantes comuns, isso significava que o comando não fazia o que devia. Ridgway moveu as cozinhas de campanha para mais perto da linha de frente. Encomendou mais agasalhos. Disse aos comandantes da sua unidade para ficarem em contato com os que estivessem nos flancos, mesmo que precisassem usar sinais de fumaça. Afirmou a Ned Almond que o Corpo X ainda fazia parte do Oitavo Exército e que ele, Ridgway, pertencia à cadeia de comando e que quem dava ordens ao Corpo X era ele, e não o comandante americano do Extremo Oriente. Mandou os oficiais tirarem os soldados da estrada e subirem os morros. Trouxe muito mais blindados e artilharia para aproveitar o poder de fogo imensamente superior do Oitavo Exército.

E contra-atacou. Enquanto MacArthur se lamentava de estar preso em uma minúscula cabeça de praia e sendo destruído, o Oitavo Exército avançava. Recuperou Seul e estava a um pulinho do paralelo 38.

Tudo ficou muito melhor para a campanha da ONU. A situação parecia tão boa que Truman achou que os coreanos do Norte e os chineses estariam receptivos a um cessar-fogo. Os chefes do Estado-maior conjunto mandaram a seguinte mensagem a MacArthur:

> Estado planeja anúncio presidencial em breve de que, com limpeza da Coreia do Sul do grosso dos agressores, Nações Unidas agora dispostas a discutir condições de acordo na Coreia. Persiste forte sentimento ONU que mais esforços diplomáticos para o acordo [devem continuar] antes avanço com forças maiores norte paralelo 38. Necessário tempo para determinar reações diplomáticas e permitir que novas negociações se desenvolvam. Reconhecer aquele paralelo não tem importância militar, Estado perguntou ao EMC que autoridade o senhor terá para permitir suficiente liberdade de ação nas próximas semanas para dar segurança às tropas da ONU e manter contato com o inimigo. Suas recomendações desejadas[19].

MacArthur respondeu que as ordens em vigor eram suficientes, mas provavelmente rilhou os dentes. Se a guerra acabasse naquele momento, ele não conquistaria uma grande vitória. Queria mesmo a guerra com a China, mas era exatamente isso que Washington tentava evitar. Com Josef Stalin cada vez mais instável, a guerra com a China poderia levar à Terceira Guerra Mundial. Tanto os Estados Unidos quanto a União Soviética tinham centenas de armas nucleares; o potencial de morte e destruição era inimaginável.

Assim, antes que Truman fizesse o discurso, MacArthur divulgou seu próprio pronunciamento:

"Mesmo sob as inibições que agora restringem a atividade das forças das Nações Unidas e as vantagens militares correspondentes creditadas à China Vermelha, ela demonstrou sua completa incapacidade de conseguir pela força das armas a conquista da Coreia", disse. Isso não era mera fanfarronada. A intenção era insultar os chineses. MacArthur passou para sua "proposta de paz": "Agora o inimigo deve ter a dolorosa consciência de que uma decisão das Nações Unidas de se afastar do esforço tolerante de conter a guerra à área da Coreia por meio da expansão de nossas operações militares a suas áreas litorâneas e bases no interior condenaria a China Vermelha ao risco de colapso militar iminente". Finamente, apresentou-se como autoridade suprema: "Dentro da minha área de autoridade como comandante militar, contudo, seria desnecessário dizer que estou pronto a tratar a qualquer momento, no campo de batalha, com o comandante em chefe das tropas inimigas, no esforço sincero de encontrar algum meio militar para que a concretização dos objetivos políticos das Nações Unidas na Coreia, aos quais nenhuma nação pode com justiça se isentar, possa ser conseguida sem mais derramamento de sangue"[20].

Não é preciso ser especialista na "mente oriental" para saber que o tom arrogante e insultuoso de MacArthur impediria as autoridades comunistas de sequer pensar na iniciativa de paz de Truman. Truman se enraiveceu com MacArthur, não pela arrogância, mas por ter sabotado deliberadamente a política nacional. O pronunciamento de MacArthur fez com que a guerra continuasse durante mais dois anos e matasse mais 20.000 soldados americanos, além de literalmente milhões de coreanos (do Norte e do Sul) e chineses.

MacArthur, herói?

Mito nº 24

Em 1948, Harry Truman Acabou com a Segregação Racial nas Forças Armadas

Em 26 de julho de 1948, o presidente Harry Truman baixou um decreto-lei: "Por meio deste se declara como política do presidente que haverá igualdade de tratamento e oportunidade para todas as pessoas das forças armadas qualquer que seja a sua raça, cor, religião ou origem nacional. Essa política entrará em vigor o mais depressa possível e com a devida observância do tempo exigido para efetuar quaisquer mudanças necessárias sem prejudicar a eficiência ou o moral".

O decreto foi um imenso passo adiante para as forças armadas americanas e para o próprio presidente; Truman vinha de um Estado com uma boa dose de preconceitos sulistas. Durante a Guerra de Secessão, a mãe e a avó de Truman ficaram presas em um campo para simpatizantes dos confederados. Quando ele estava na escola secundária, em Independence, subúrbio de Kansas City, no Missouri, um dos jornais locais, o *Jackson County Examiner*, publicou em um editorial: "A comunidade não precisa se surpreender muito se houver o linchamento de um negro em Independence. [...] Há muitos rapazes negros imprestáveis que nada fazem. Não pretendem trabalhar e ficam pelas ruas e praguejam e fazem observações sobre senhoras e outros que passam. Amontoam-se nos bondes elétricos e se tornam ofensivos"[1].

Crescer cercado por esse tipo de preconceito teve seus efeitos sobre o presidente. Em 1918, ele disse que Nova York era uma "cidade de judeus", também cheia de "carcamanos". Admitiu ter preconceito racial: "Sou da opinião convicta de que os negros deveriam estar na África, os amarelos na Ásia e os brancos na Europa e na América"[2].

Em certa ocasião, Mary Jane, irmã de Truman, declarou: "Harry é tão favorável á igualdade dos pretos quanto qualquer um de nós"[3]. E, durante muitos anos, em conversas informais, palavras ofensivas como *nigger* (preto), *coon* (negro caipira), *bohunk* (imigrante da Europa oriental), *chink* (chinês) e *jap* (japonês) surgiram nas suas frases. Mas falar é uma coisa, fazer é outra. Truman se ofendia com injustiças óbvias. Ficou incomodadíssimo com a prisão de americanos de origem japonesa durante a Segunda Guerra Mundial. Comparou-a à prisão de suas ancestrais que simpatizavam com os confederados.

Em 1946, quando soldados negros foram arrastados para fora de caminhões do exército e surrados, Truman disse: "Meu próprio estômago se revirou"[4]. Ele ficou totalmente horrorizado quando o sargento Isaac Woodward foi preso em uma parada de ônibus na Geórgia porque o motorista de ônibus disse que ele demorou demais no banheiro "só para negros". A polícia o acusou de embriaguez, embora ele não tivesse nada para beber, e o surrou tão violentamente com cassetetes que ele ficou cego.

"Não sabia que tinha sido tão terrível assim", disse Truman a Walter White, da NAACP (National Association for the Advancement of Colored People, ou Associação Nacional pelo Avanço das Pessoas de Cor). "Temos de fazer alguma coisa." Alguma coisa era difícil fazer. Os sulistas do Senado e da Câmara de Representantes combatiam acirradamente todas as tentativas de melhorar a vida da população afro-americana. Truman não conseguiria avanços no Congresso, por isso tentou o decreto-lei. Como comandante em chefe das forças armadas, podia agir sem a aprovação do Congresso.

Mas a parte do decreto relativa ao tempo exigido para efetuar a mudança era uma armadilha. Parece que muitos oficiais superiores acharam que esse tempo seria de um século, pelo menos. Douglas MacArthur, o oficial mais graduado, certamente achava; durante a Guerra da Coreia, a segregação só terminou quando Matthew Ridgway assumiu o comando do Extremo Oriente (FECOM, Far East Command). Sob Ridgway, o 24º Regimento de Infantaria, o último dos "Soldados Búfalos" — dois regimentos de infantaria e dois de cavalaria formados depois da Guerra de Secessão que serviram principalmente na fronteira oeste e receberam o apelido dos nativos, que achavam o cabelo crespo do escalpo dos soldados negros parecido com o escalpo dos búfalos) — foi dessegregado.

Embora a ordem de dessegregação fosse assinada em 1948, ela só se tornou fato quatro anos depois. A extinção dos "Soldados Búfalos" deu fim a uma tradição antiga e desonrosa.

Na Guerra de Secessão, 186.000 afro-americanos serviram o exército e mais 30.000 a marinha. Todas as unidades do exército eram segregadas, com praças negros e quase todos os oficiais brancos. Os afro-americanos da marinha eram quase todos praças. Depois da guerra, muita gente queria tornar as forças armadas brancas como lírios, muito embora os negros tivessem lutado em todas as guerras americanas desde as batalhas de Concord e Bunker Hill na Guerra de Independência. Foi considerado uma grande concessão permitir os quatro regimentos segregados.

Durante a Guerra Hispano-Americana, os Soldados Búfalos salvaram os "Duros Cavaleiros" de Teddy Roosevelt em Las Guasimas, e chegaram antes deles ao cume de Kettle Hill, mas no relato que faz da guerra, Roosevelt os caluniou. Na Primeira Guerra Mundial, o exército formou duas divisões de combate negras, mas o general John Pershing repassou os soldados de uma delas para o exército francês — depois de aconselhar aos franceses que não ficassem muito íntimos dos afro-americanos (conselho que os franceses ignoraram). A outra divisão, Pershing fez o que pôde para manter fora de combate. Apesar da contribuição dos soldados negros na Guerra de Secessão e na Guerra Hispano-Americana, os oficiais mais graduados do exército afirmavam acreditar que eles não sabiam lutar.

Na Segunda Guerra Mundial, todos os soldados negros estavam em unidades segregadas e, em sua maioria, eram motoristas de caminhão, do corpo de engenharia (jargão militar para operários), ou prestavam outros serviços não combatentes.

Harry Truman, sem dúvida, dessegregou as forças armadas, mas isso não foi feito com um golpe da pena, como quer o mito.

MITO Nº 25

Não houve Guerra na Coreia depois de Iniciadas as Conversações de Paz

Com justiça, a Guerra da Coreia foi chamada de "a guerra esquecida". Uma das razões para ter sido esquecida é que o governo americano, por alguma razão desconhecida, parece ter tentado apagar a lembrança de maior parte dela.

Depois de iniciadas as conversações de paz, o Pentágono raramente mencionou algum combate dos soldados norte-coreanos. Há vários anos, eu escrevia para uma revista um artigo sobre uma ação pequena e sangrenta em um lugar oficialmente chamado Posto de Escuta Alice, ou Agnes, e mais conhecido como Sandbag Castle, o Castelo de Sacos de Areia. O combate perto do Castelo de Sacos de Areia foi típico das ações pouco divulgadas depois do início das conversações de paz, que contribuíram para o total de 82.500 baixas americanas nesse período contra o total de 137.530 na guerra como um todo[1].

O Castelo de Sacos de Areia foi um estranho produto das conversações para o cessar-fogo em Panmunjom.

Ao contrário de MacArthur, Ridgway não se preocupava primariamente com a ocupação de território; ele queria matar inimigos. Se tivesse de avançar para chegar onde pudesse matar o máximo de soldados inimigos, avançaria. Os chineses e norte-coreanos construíram fortificações profundas e elaboradas, principalmente nas montanhas do leste. Foi aí que o grosso do "moedor de carne" da ofensiva das tropas da ONU caiu. Essas montanhas receberam apelidos apropriados, como "Serra Sangrenta" e "Serra do Coração Partido". As forças da ONU tinham avançado uns 30 km pela Coreia do Norte ao custo de milhares de baixas. Mas as tropas comunistas tinham sofrido baixas ainda maiores, devido ao enorme poder de fogo da ONU.

Era visível que eram muito caras as operações ofensivas contra linhas de trincheiras e fortificações, mesmo quando um dos lados tinha um número avassalador de canhões e a posse exclusiva de tanques e aviões modernos. Assim, os chefes do Estado-maior conjunto ordenaram que Ridgway e James Van Fleet, comandante do Oitavo Exército, mantivessem a linha e não avançassem.

Em certo momento, a Brigada Turca defendia parte da Serra do Coração Partido. Os turcos receberam ordens de não avançar além das suas trincheiras. Então o que fizeram foi avançar as trincheiras. Cavaram uma trincheira na direção da linha principal de resistência norte-coreana, cobriram-na com mourões de aço e sacos de areia, e protegeram-na com fortificações nos flancos ligadas ao túnel principal por outros túneis. Quando receberam ordem de parar, construíram uma enorme torre no final do túnel. Esse era o Castelo de Sacos de Areia, localizado a apenas 10 metros das trincheiras norte-coreanas. Quando os turcos foram transferidos para outro lugar, o 27º Regimento de Infantaria herdou o castelo.

A ONU manteve a linha inteira e, em 1952 e 1953, as forças comunistas tentaram em vão o rompimento com uma série de ofensivas. Não houve mais grandes avanços nas montanhas do leste, mas por toda parte houve um grande número de ataques de companhias e batalhões. O Castelo de Sacos de Areia foi cenário de vários pequenos ataques. Em 5 de setembro de 1952, os norte-coreanos iniciaram um ataque maior do que de costume. Começaram lançando sobre o castelo 1.200 granadas de morteiro, inclusive as imensas granadas de 120 mm, e depois atacaram aquele minúsculo complexo de fortificações com um batalhão inteiro.

O combate envolveu uma companhia do 27º Regimento de Infantaria e um batalhão do Exército Popular Coreano, ou exército da Coreia do Norte. Por causa disso, um metralhador recebeu postumamente a Medalha de Honra e todos os norte-coreanos da força atacante morreram.

Estive no Castelo de Sacos de Areia na manhã seguinte para tirar fotos, e também um major do quartel-general do batalhão, que foi olhar a cena. O primeiro-sargento da companhia envolvida o guiava.

— Fique de cabeça baixa, senhor — disse o sargento. — Ainda há franco-atiradores.

Em vez de se abaixar, o major subiu no parapeito de uma trincheira e olhou em volta. Virou-se e encarou o sargento.

— Não vejo na...

Foram as suas últimas palavras.

Anos depois do Castelo de Sacos de Areia, na pesquisa para escrever o artigo, examinei um antigo exemplar do *New York Times* na biblioteca local para ver o que fora noticiado. Descobri que o Pentágono disse à imprensa que os *chineses* tinham atacado o Castelo de Sacos de Areia. Não havia chineses naquela parte da Coreia.

O exército tentou o quanto pôde dar a impressão de que, depois do desembarque em Inch'on e do avanço até o Yalu, o exército norte-coreano deixara de existir. E depois que começaram as conversações de paz, atenuou todas as notícias de combates. Foi quase impossível encontrar reportagens sobre combates no *Pacific Stars and Stripes* (jornal que não deve ser confundido com o *Stars and Stripes* da Segunda Guerra Mundial). O *Pacific Stars and Stripes* nunca questionou nenhuma política do Pentágono. A única exceção à paralisação "sem combate" foi quando duas divisões da Guarda Nacional, a 40ª e a 45ª, se uniram a nós. Publicidade favorável à Guarda Nacional era politicamente correta.

Depois do fim dos "dias de ioiô" ("Subi e desci essa península que nem um ioiô", diziam os veteranos), os meios de comunicação se desinteressaram da guerra. Em consequência, muita gente não tomou consciência dela. Mas a ignorância da população americana foi nada se comparada à dos soldados americanos estacionados na Europa.

De volta a casa, preparando-nos para a inspeção, nós, veteranos da Coreia, nos reunimos com camaradas que não víamos há dois anos. Eles estavam cheios de histórias de guerra, que tinham estado "na linha" na Alemanha, olhando comunistas vivos, de verdade. Não faziam ideia de que estivéramos *atirando* em comunistas vivos, de verdade, que também atiravam em nós. É claro que a maioria das notícias que recebiam vinha dos meios de comunicação controlados pelas forças armadas.

Mito nº 26
Dwight Eisenhower Deu Fim à Guerra da Coreia

Esse mito está por aí há anos. A sua essência é que o presidente Eisenhower interrompeu a guerra aparentemente interminável e as negociações de paz igualmente intermináveis em Panmunjom ameaçando usar a bomba atômica na Coreia do Norte. Ronald B. Frankum e Stephen F. Maxner o mencionam em *The Vietnam War for Dummies* [A Guerra do Vietnã para imbecis], com uma seção chamada "Ike, ao resgate!".

A verdade não é tão simples. Se a ameaça de usar armas nucleares pudesse dar fim à guerra, a luta teria acabado assim que Harry Truman disse à imprensa que os Estados Unidos "darão os passos que forem necessários para enfrentar a situação militar [...]".

— Isso inclui a bomba atômica? — perguntou um repórter.

— Isso inclui todas as armas que temos — respondeu o presidente.

— Presidente, o senhor disse "Todas as armas que temos". Isso significa que há considerações em andamento sobre o uso da bomba atômica?

199

— Sempre houve considerações em andamento sobre o seu uso. Não quero vê-la usada. É uma arma terrível e não deve ser usada sobre homens, mulheres e crianças inocentes que nada têm a ver com essa agressão militar; isso acontece quando é usada.

Essa entrevista coletiva aconteceu em 30 de novembro de 1950, mais de dois anos antes de Eisenhower chegar à Casa Branca. Na época, ainda havia alvos importantes na Coreia do Norte. Perto do fim da guerra, mas antes que Eisenhower tomasse posse, a Coreia do Norte foi tão bombardeada quanto o Japão na Segunda Guerra Mundial. Como não restavam mais prédios significativos para bombardear, os aviões americanos começaram a atacar represas para inundar as terras agrícolas norte-coreanas.

Truman percebeu que estava quase matando de medo a maior parte do mundo — todos acreditavam que as bombas atômicas significavam a Terceira Guerra Mundial — e se retratou da sua declaração. De certa maneira.

"[O uso da bomba atômica] é uma questão que os militares terão de decidir. Não sou autoridade militar sobre essas coisas."[2] Algum tempo depois, Douglas MacArthur, que era autoridade militar, também ameaçou usar a bomba atômica. A guerra continuou.

Eisenhower tomou posse no início de 1953 e nomeou John Foster Dulles secretário de Estado. Ike rescindiu a ordem de Truman que neutralizava Taiwan. Chiang Kaishek, líder da China, agora estava "solto". Acontece que Chiang não precisava que nada o mantivesse em Taiwan. Na viagem pré-eleitoral à Coreia, Eisenhower viu multidões de manifestantes com cartazes dizendo "Não aos chineses na Coreia". Não tentou trazer nacionalistas chineses para reforçar o Oitavo Exército. Os representantes americanos em Panmunjom soltaram insinuações do possível uso de armas nucleares, mas os chineses e norte-coreanos já conheciam essa música. A guerra continuou, embora as forças comunistas se desencantassem cada vez mais da situação. Nenhuma ofensiva conseguia romper a linha da ONU. Tudo o que os chineses e norte-coreanos conseguiam eram mais cadáveres.

Então aconteceu algo na Rússia que teve efeito real sobre a guerra. Em 5 de março de 1953, Josef Stalin morreu. Dez dias depois, Gueorgui Malenkov disse que havia disputas entre os Estados Unidos e a URSS que "não podem ser decididas por meios pacíficos, com base em compreensão mútua"[3]. Quinze dias depois, começaram as conversações sobre trocas de prisioneiros de guerra.

A guerra ainda continuava. Em 25 de maio, os chineses iniciaram uma grande ofensiva que durou duas semanas, mas não conseguiu o rompimento. Em 26 de junho, eles tentaram de novo. Com o mesmo resultado.

Em 27 de julho de 1953, o general William K. Harrison, negociador-chefe da ONU, e o general Nam Il, chefe de Estado da Coreia do Norte, assinaram o armistício.

Se as ameaças de usar armas nucleares pudessem dar fim à guerra, ela teria acabado dois anos antes. A ameaça de Truman, mais digna de crédito do que a do governo Eisenhower (Ike também ameaçou "soltar" Chiang Kaishek), não mudou nada, nem as ameaças de MacArthur. O que *mudou* a situação foram duas derrotas sangrentas dos soldados comunistas e a morte de Josef Stalin.

Mito nº 27
A Maioria dos Soldados do Vietnã era de Minorias

Houve tanta publicidade sobre o número de soldados negros no exército americano durante a Guerra do Vietnã que muita gente acreditou que a *maioria* dos soldados em combate vinha dessa minoria.

Realmente houve uma proporção muito maior de soldados afro-americanos no Vietnã (pelo menos em combate) do que nas nossas guerras anteriores. Isso porque, durante a maior parte da história americana, o exército não aceitava muitos afro-americanos. Os que eram aceitos costumavam ser usados como motoristas de caminhão ou operários não especializados.

Apesar dessa discriminação, os afro-americanos desempenharam o seu papel em todas as guerras dos Estados Unidos desde a independência — em alguns casos, papel de destaque. Por exemplo, em Concord, durante a retirada britânica, o general Thomas Gage mandou várias carroças cheias de munição para ajudar os seus casacos-vermelhos. No caminho, eles foram desafiados por um grupo de homens idosos comandados por um negro velho. O negro velho se chamava David Lamson. Era capitão

Um soldado afro-americano faz instrução de combate na selva, provavelmente no Vietnã. Apenas uma minoria de soldados afro-americanos entrou em combate nas Guerras Mundiais, e mesmo então em unidades segregadas. O exército foi finalmente dessegregado durante a Guerra da Coreia, mas lá não houve luta na selva porque não há selvas na península.

de uma "companhia de alarme" da milícia local. As companhias de alarme se compunham de homens considerados velhos demais para lutar e que só seriam convocados em situações desesperadoras.

Os granadeiros britânicos riram dos velhos e chicotearam os cavalos. Lamson deu um sinal e os seus homens mataram um cavalo de cada parelha, o oficial encarregado do grupo britânico e dois sargentos. Os granadeiros pularam das carroças, largaram os mosquetes e correram para salvar suas vidas. Renderam-se à primeira pessoa que encontraram pela estrada: uma velha que cuidava da horta.

Antes, milicianos negros tinham lutado em Lexington e Concord. Em Lexington, no primeiro combate da guerra, um escravo chamado Prince Easterbrooks foi um dos *minutemen* feridos, mas isso não o deteve; ele continuou a servir em quase todas as grandes campanhas da Guerra de Independência. Um número bem maior de afro-americanos participou da milícia que expulsou os britânicos de Concord e os forçou a voltar a Boston, e também havia afro-americanos entre os que lutaram em Breeds Hill.

Alguns eram escravos, outros libertos. Alguns senhores libertavam os escravos que se unissem à luta contra os britânicos; outros mandavam os escravos no seu lugar. Alguns Estados libertaram os escravos que participaram da guerra. Rhode Island comprou alguns escravos, libertou-os e criou o Primeiro Regimento de Rhode Island, predominantemente negro.

O exército continental foi criado em 1775 pelas colônias americanas durante a Guerra de Independência. Horatio Gates, o seu ajudante-geral, ordenou que os oficiais de recrutamento não aceitassem "nenhum desertor do exército ministerial [britânico], nem vagabundos, negros ou vadios"[1]. No entanto, George Washington contrariou essa ordem e mandou seus oficiais continuarem alistando negros livres. No ápice da Guerra de Independência, os negros constituíam aproximadamente 15% das tropas patriotas.

Na Guerra Anglo-Americana de 1812, o exército se recusou a alistar escravos, mas aceitou alguns negros livres. A marinha foi mais liberal e um sexto dos marinheiros eram negros. Uma tripulação de negros chegou a receber elogios do comodoro Oliver Hazard Perry. Antes da Batalha de Nova Orleans, Andrew

Jackson fez um esforço intenso para alistar soldados negros, mas nos exércitos americanos daquela guerra somente brancos podiam ser oficiais. Durante a Guerra de 1812 e depois dela, a marinha continuou a ser mais aberta do que o exército a recrutas afro-americanos. Mas Isaac Chauncey, secretário-adjunto em exercício da marinha em 1836, mandou avisar à hierarquia naval para "não aceitar uma proporção de pessoas de cor maior do que 5% do número total de brancos aceitos"[2].

Os negros foram definitivamente excluídos do exército quando começou a Guerra de Secessão, embora ainda fossem aceitos pela marinha. Quando o Congresso aprovou a Lei da Milícia de 1862, o recrutamento de negros voltou a ser legal. Mas não era permitido alistar escravos fugidos. O general de brigada David Hunter, entretanto, encarregado de ocupar o litoral da Carolina do Sul, da Geórgia e da Flórida, fez exatamente isso quando lhe negaram reforços, mas Washington não lhe deu dinheiro para pagar nem equipar os soldados. O secretário de Guerra Simon Cameron defendia que a nação tinha o dever de alistar escravos fugidos. Lincoln o demitiu e o substituiu por Edwin Stanton; temia que armar escravos fugidos transformasse em rebeldes os Estados escravistas da fronteira ainda leais à União.

Aos poucos, Lincoln se convenceu de que libertar os escravos dos estados confederados seria mais vantajoso para a União do que o apoio a alguns estados de fronteira, e assim, em 1º de janeiro de 1863, baixou a Proclamação de Emancipação. A presença negra no exército aumentou rapidamente até haver 166 regimentos praticamente negros (a maioria dos oficiais dessas unidades era branca). Havia 186.000 afro-americanos entre os 2.100.000 homens do exército e mais 30.000 na marinha. Na Guerra de Secessão, os soldados negros recebiam 10 dólares por mês, dos quais se podiam deduzir 3 a título de fardamento. Os soldados brancos recebiam 13 dólares por mês sem dedução por fardamento.

Mito nº 27

Depois da Guerra de Secessão, as forças armadas voltaram a restringir os negros. Ulysses S. Grant disse que não fazia objeção a soldados negros, mas achava que deviam ser alistados como reserva e só convocados em emergências. Em 1866, o Congresso autorizou a formação de dois regimentos de cavalaria e quatro de infantaria compostos de conscritos negros, com oficiais principalmente brancos. Três anos depois, os regimentos de infantaria foram reduzidos a dois: o 24º e o 25º. Esses foram os famosos "Soldados Búfalos" que serviram principalmente na fronteira oeste. Os oficiais afro-americanos foram poucos e muito distanciados. Um oficial branco se referiu a Henry O. Flipper, primeiro negro a se formar em West Point, como "nosso tenente etíope", que comandava 60 dos "melhores escurinhos que já furtaram galinhas"[3].

Na Guerra Hispano-Americana, os Soldados Búfalos salvaram os "Rough Riders", os "Duros Cavaleiros" de Teddy Roosevelt, em Las Guasimas, e capturaram o blocausse espanhol no morro San Juan, mas depois da guerra, Roosevelt menosprezou os soldados e deu aos oficiais brancos todo o crédito das suas realizações, esquecendo que, quando a carga morro acima começou em San Juan, a maioria desses oficiais brancos estava fora de ação.

Duas divisões negras segregadas serviram na Primeira Guerra Mundial: a 92ª e a 93ª Divisões de Infantaria. O general John J. Pershing, que comandara uma unidade negra na Guerra Hispano-Americana, distanciou-se dos afro-americanos nessa guerra. Desfez a 93ª Divisão e ofereceu os componentes ao exército francês, que ficou maravilhado com o desempenho dos americanos negros. A 92ª Divisão pouco participou de combates sob o comando de Pershing. Dos 404.308 soldados afro-americanos da Primeira Guerra Mundial, somente 42.000 serviram em unidades de combate. Apesar de todas as provas em contrário, na época a cúpula do exército estava convencida de que os soldados negros não sabiam lutar.

A Segunda Guerra Mundial começou a derrubar a tradição da segregação nas forças armadas, mas entre muitíssimos oficiais superiores persistia a ideia de que os negros não sabiam lutar. Mas a marinha aceitava marinheiros negros em todos os serviços (não apenas como auxiliares no rancho), a força aérea permitiu que negros se tornassem pilotos e o Corpo de Fuzileiros Navais alistou negros. No final da guerra, o exército tinha 900.000 soldados negros, entre eles 7.000 oficiais — contra apenas cinco oficiais negros no exército em 1941.

Mas o exército ainda era segregado por raça: havia unidades de infantaria negras, unidades de artilharia negras, unidades blindadas negras, unidades negras da Polícia do Exército, etc. Em 1948, o presidente Harry S. Truman baixou um decreto proibindo a segregação racial nas forças armadas, mas ela ainda foi praticada até durante a Guerra da Coreia. A Guerra do Vietnã foi a primeira na qual não houve barreiras ao serviço de soldados negros em unidades de combate americanas.

Essa foi uma mudança tão extraordinária que deu origem ao mito de que a *maioria* dos soldados em combate eram negros. Na verdade, eles constituíam um pouco mais do que a proporção de negros no país como um todo. Nos Estados Unidos, os rapazes em idade militar (de todas as raças) eram 14% da população. No Vietnã, os soldados negros foram 23%. É claro que 23% é mais do que 14%, mas está longe de ser a maioria.

Mito nº 28

Houve Dois Ataques a Navios Americanos no Golfo de Tonkin

Como a Guerra da Coreia, a do Vietnã foi uma luta surreal. Na Coreia, os Estados Unidos e os seus aliados combateram milhares de soldados chineses, mas permaneceram em paz com a China. No Vietnã, o inimigo era o Vietnã do Norte, mas durante algum tempo não estivemos em guerra com o Vietnã do Norte. O que mudou essa situação foi o ataque a dois contratorpedeiros americanos pelos chamados "fantasmas do golfo de Tonkin".

O envolvimento dos Estados Unidos no Vietnã começou em 1954, no final da guerra entre a França e as forças rebeldes de Ho Chi Minh. Os Estados Unidos apoiavam o estado recém-criado do Vietnã do Sul e, mais tarde, mandou assessores militares para auxiliar Ngo Dinh Diem, presidente sul-vietnamita, que tentava combater de rebeldes comunistas (apelidados de vietcongues). Em 1961, havia 600 assessores americanos no Vietnã do Sul. O problema militar mostrou-se mais difícil do que se esperava, e o número de assessores aumentou. Em 1963, havia 16.000 assessores.

Além de mandar assessores militares para o Vietnã, os Estados Unidos realizavam uma operação de espionagem com o codinome DESOTO. Os navios americanos cruzavam águas internacionais ao largo da União Soviética e da China para monitorar as comunicações pelo rádio. Para pressionar o Vietnã do Norte, que começara a auxiliar os vietcongues, os Estados Unidos ampliaram a DESOTO até lá e começaram a apoiar as operações de comandos dos sul-vietnamitas através da zona desmilitarizada.

Em 2 de agosto de 1964, o contratorpedeiro USS *Maddox* fazia uma patrulha da DESOTO quando três lanchas torpedeiras vietnamitas o atacaram. Na época não foi noticiado o fato de que os operadores de radar do contratorpedeiro tinham relatado que três lanchas se aproximavam e que o comandante John J. Herrick ordenou que os artilheiros atirassem caso as lanchas chegassem a menos de 10.000 metros. Assim, os norte-vietnamitas não atiraram primeiro.

O *Maddox* estava bem longe das águas territoriais reivindicadas pelo Vietnã do Norte, mas parece que os norte-vietnamitas acharam que ele ajudava os comandos sul-vietnamitas. Pouco antes do ataque, os sul-vietnamitas tinham invadido duas ilhas do Vietnã do Norte, e pilotos mercenários tailandeses contratados pela CIA bombardearam postos avançados na fronteira norte-vietnamita. Quatro anos depois, Robert McNamara, secretário de Defesa dos Estados Unidos, admitiu que navios americanos *tinham* ajudado os atacantes sul-vietnamitas, embora o *Maddox* não fosse um deles. Seja como for, o ataque foi uma decisão bastante estúpida por parte dos norte-vietnamitas.

Supostamente as lanchas torpedeiras lançaram dois torpedos, mas ambos erraram o alvo. Uma delas também atirou no *Maddox* com uma metralhadora pesada, o que foi meramente uma estupidez maior ainda. Nenhum marinheiro sensato ataca um contratorpedeiro com uma metralhadora. O *Maddox* reagiu com uma chuva de granadas de seus canhões de cinco e três polegadas, e aviões americanos metralharam os barcos norte-vietnamitas. Um pode ter afundado, outro pegou fogo e o terceiro teve avarias menos graves.

Dois dias depois, o *Maddox* saiu novamente em uma patrulha da DESOTO, dessa vez junto com outro contratorpedeiro, o USS *C. Turner Joy*. O tempo estava tempestuoso e os operadores americanos de radar e sonar noticiaram embarcações e torpedos hostis. Ambos os contratorpedeiros abriram fogo sobre alvos que apareciam na tela do radar, mas eram invisíveis para os navios. O comandante Herrick relatou o ataque, mas depois exprimiu dúvidas sobre a sua ocorrência.

O presidente Lyndon B. Johnson não teve dúvidas quando falou sobre o ataque ao Congresso em 5 de agosto.

> Na noite passada, anunciei ao povo americano que os norte-vietnamitas realizaram mais ataques deliberados contra embarcações navais americanas em operação em águas internacionais e, portanto, determinei ações aéreas contra as lanchas torpedeiras e instalações de apoio usadas nessas operações hostis. [...] Depois de consultar os líderes de ambos os partidos no Congresso, anunciei também a decisão de pedir ao Congresso uma resolução que exprima a unidade e a determinação dos Estados Unidos na defesa da liberdade e na proteção da paz no sudeste da Ásia.
>
> Essas ações mais recentes do regime norte-vietnamita provocam uma reviravolta nova e grave na situação já séria do sudeste da Ásia. [...] Esta não é apenas uma guerra na selva, mas uma luta pela liberdade em todas as frentes de atividade humana. Nosso auxílio militar e econômico ao Vietnã do Sul e ao

Laos, especificamente, tem o propósito de ajudar esses países a rechaçar a agressão e a fortalecer a sua independência.

Como presidente dos Estados Unidos, concluí que agora devo pedir ao Congresso que, por sua vez, também afirme a determinação nacional de que todos esses ataques serão enfrentados e que os Estados Unidos continuarão na sua política básica de auxiliar as nações livres da região a defender a sua liberdade.[1]

O presidente Lyndon B. Johnson usou o relatório de um ataque norte-vietnamita a navios da marinha americana para fazer o Congresso concordar em promover a guerra no Vietnã. O problema era que o ataque no golfo de Tonkin nunca aconteceu.

O Congresso aprovou uma resolução conjunta afirmando que: "O Congresso aprova e apoia a determinação do presidente de tomar todas as providências necessárias para rechaçar qualquer ataque armado contra as forças dos Estados Unidos e repelir toda nova agressão"[2].

Isso foi o mais perto possível que se chegou de uma declaração de guerra ao Vietnã do Norte. Levou a um aumento enorme do efetivo americano no Vietnã e ao bombardeio de cidades norte-vietnamitas. Os soldados americanos não seriam mais meros assessores, seriam tropas em combate. Os soldados norte-vietnamitas não mais contrabandeariam suprimentos para os vietcongues apenas; eles atravessariam a fronteira para lutar. E muita gente dos dois lados morreria.

Em 1º de dezembro de 2005, a Agência de Segurança Nacional americana liberou 140 documentos ultra secretos que mostraram que, além de não ter havido um segundo ataque no golfo de Tonkin, a notícia dele fora uma falsidade deliberada. Os alvos em que os navios americanos atiraram naquela noite ficaram conhecidos como os "fantasmas do golfo de Tonkin". O que se seguiu foi a única guerra americana a ser provocada por fantasmas.

Mito nº 29

Khe Sanh Sobreviveu a um Cerco Terrível

No Calendário dos Doze Animais, o zodíaco chinês seguido na China, na Coreia, no Vietnã e em outras regiões do Extremo Oriente, 1968 foi o ano do Macaco. Com a aproximação do ano novo, o general Vo Nguyen Giap, ministro da Guerra do Vietnã do Norte, deve ter pensado nos caçadores de macacos do sudeste da Ásia que capturavam animais para vender aos zoológicos e lojas de animais de estimação. Uma das suas técnicas, de acordo com a crença generalizada, era abrir um furo em um coco grande e pôr uma conta brilhante lá dentro. Dali a pouco, um macaco curioso via a conta e enfiava a mão no buraco para pegá-la. Mas ao fechar o punho para segurar a conta, o macaco descobria que não conseguia tirar a mão do buraco. Só que os macacos são tão teimosos quanto curiosos, e ele não largava a conta. Um macaquinho preso a um coco grande não consegue se deslocar depressa e acaba preso em uma jaula.

A conta brilhante que o general Giap planejou usar era um lugar chamado Khe Sanh, perto da fronteira entre o Vietnã do Norte e o do Sul, onde os fuzileiros navais americanos tinham uma base. O coco era o exército norte-vietnamita. E o macaco era o general William C. Westmoreland, comandante americano no Vietnã.

Tiveram combates consideráveis nos morros próximos à fronteira entre os dois Vietnãs. Em 17 de janeiro de 1968, uma patrulha de fuzileiros de Khe Sanh foi emboscada. Houve mais escaramuças com patrulhas de Khe Sanh em 19 e 20 de janeiro. O reconhecimento aéreo mostrou que os norte-vietnamitas tinham aberto na selva duas novas estradas vindas do Laos que davam acesso a trilhas que levavam a Khe Sanh. Os observadores aéreos viram trincheiras que se esgueiravam pela selva e

O general William Westmoreland (com roupas civis) e o general Paul Harkins enquanto Westmoreland assume o comando do Vietnã. O fascínio de Westmoreland por Khe Sahn abriu caminho para a Ofensiva Tet.

cercavam o seu perímetro de arame farpado. As granadas norte-vietnamitas começaram a cair sobre a base.

O quartel-general de Westmoreland disse à imprensa que a maior batalha da guerra tomava forma em Khe Sanh. Supunha-se que, nos arredores, Giap tivesse 20.000 soldados do Exército do Vietnã do Norte (EVN). Havia 6.000 fuzileiros americanos dentro da base fortificada. Os porta-vozes oficiais disseram aos repórteres que havia mais 40.000 soldados por perto. De acordo com Michael Herr, da revista *Esquire*, o número era mais próximo de 250.000[1].

Era por uma grande batalha que Westmoreland aguardava ansioso. Os soldados do EVN escondidos como guerrilheiros na floresta e os vietcongues que moravam nas aldeias disfarçados de simples agricultores não eram guerra, pelo menos não o tipo de guerra para a qual "Westy" e os seus homens tinham se preparado. Ao general, parecia que Giap, o conquistador de Dien Bien Phu na guerra de independência contra a França, planejava transformar Khe Sanh em outro Dien Bien Phu. Khe Sanh também era uma base fortificada na selva, suprida principalmente pelo ar. Mas a tática de Giap na base francesa não funcionaria em Khe Sanh. O poderio aéreo americano era imensamente maior do que o francês. Os Estados Unidos tinham muito mais soldados na área e o poder de fogo do EVN nem se comparava ao dos americanos.

Um tenente norte-vietnamita com uma bandeira branca confirmou as esperanças de Westmoreland. Ele disse ter servido fielmente o EVN durante 14 anos, mas que os seus superiores tinham ignorado o seu serviço e a sua qualificação ao promover um oficial menos gabaritado. Por isso, se rendia. Os americanos o interrogaram. As informações dele sobre as posições norte-vietnamitas se encaixaram tão bem no que as forças americanas sabiam que tiveram de acreditar nele. O tenente revelou que o ataque de uma força avassaladora a Khe Sanh ocorreria no dia seguinte, às 12h39min.

Se alguém tinha duvidado que um soldado que passara 14 anos lutando pela sua causa se renderia por ter sido preterido em uma promoção, a dúvida se desfez ao meio-dia e meia. Um furacão de granadas de artilharia, granadas de morteiro e foguetes caiu sobre a base. Os soldados do EVN enfiaram tubos Bangalore sob o arame farpado e os explodiram para abrir caminho por ele. Um foguete atingiu um depósito de munição e 15 toneladas de explosivos foram pelos ares de uma só vez, arrasando barracas e virando helicópteros. Para rechaçar os ratos, os fuzileiros tinham encharcado com óleo combustível os sacos de areia das fortificações, que pegaram fogo com a explosão. Uma granada atingiu outro depósito de munição e mais quinhentos quilos de explosivos sumiram em um enorme estouro. As duas explosões destruíram 98% da munição dos fuzileiros, mas eles aguentaram. Seus aviões metralharam a selva e a artilharia das bases de apoio martelou as supostas posições da artilharia do EVN, mas os norte-vietnamitas eram especialistas em camuflar tudo e esconder a artilharia em cavernas e fortificações profundas, imunes a tudo o que não fosse fogo direto.

O mais esquisito foi que os norte-vietnamitas deviam saber que a base americana ficara em mau estado depois da explosão dos depósitos de munição, mas não forçaram o ataque. Em vez do "mar humano" que os fuzileiros esperavam, estimou-se que havia apenas uns mil atacantes.

Westmoreland decidiu que o ataque era mera sondagem para testar a força americana em Khe Sanh. Ordenou que as tropas se preparassem para pôr em prática o "Plano Niágara".

O "Niágara" aproveitaria o poderio aéreo americano. Todos os aviões da área — helicópteros, caças-bombardeiros e até os gigantescos bombardeiros estratégicos B-52 — inundariam os atacantes com bombas, projéteis, foguetes e granadas.

O tempo não ajudou.

Mito nº 29

Havia dias que a região de Khe Sanh estava coberta por uma neblina espessa que encobria todos os possíveis alvos. Os aviões lançaram as bombas, na esperança de que atingissem alguma coisa, e a artilharia disparou na área em torno de Khe Sanh. A artilharia do EVN também continuou atirando, e os soldados regulares norte-vietnamitas continuaram emboscando patrulhas baseadas em Khe Sanh. Sempre que a neblina se reduzia, os observadores aéreos viam que a rede de trincheiras de abordagem em torno de Khe Sanh estava cada vez mais elaborada.

Os oficiais do quartel-general de Westmoreland sabiam que o grande avanço do Vietnã do Norte podia começar a qualquer momento. Os porta-vozes disseram aos repórteres que Khe Sanh estava cercada, mas que era fundamental manter a base porque bloqueava as rotas de infiltração do inimigo. Não explicaram como bloqueariam essas rotas se o inimigo estivesse atrás da base. O general Earle Wheeler, presidente do Estado-maior conjunto das forças armadas, disse à revista *Time* que a perda de Khe Sanh permitiria aos comunistas "rolar das montanhas do Laos diretamente para o Mar do Sul da China"[2].

O interessante na análise de Wheeler foi que ela aconteceu *depois* que Giap infiltrou 84.000 homens pela selva e atacou todas as principais cidades do Vietnã do Sul, na chamada "Ofensiva do Tet".

Tet é o Ano Novo vietnamita (também chinês e coreano). É um feriado importante e, na Guerra do Vietnã, ambos os lados tinham respeitado um cessar-fogo não oficial. Muitos soldados sul-vietnamitas estavam em casa com a família. A ofensiva pegou de surpresa as tropas dos Estados Unidos e do Vietnã do Sul. Os soldados regulares norte-vietnamitas e os vietcongues (guerrilheiros comunistas sul-coreanos) se infiltraram nas cidades disfarçados de civis e, em segredo, levaram para lá lançadores de foguetes, metralhadoras, morteiros e fuzis.

Eles atacaram enquanto Westmoreland ainda segurava Khe Sanh com toda a força do seu enorme punho militar. "Westy" acreditava que a Ofensiva do Tet era uma operação diversionária e não o espetáculo principal. Os soldados americanos ainda estavam concentrados no norte, vigiando a área de Khe Sanh, enquanto as legiões de Giap devastavam o Sul. Felizmente, as suas informações eram deficientes e a tática, pior ainda: usaram companhias para atacar alvos que exigiam pelo menos um batalhão. Os soldados comunistas acabaram expulsos de todas as cidades do Sul, com enorme perda de vidas.

A Ofensiva do Tet já terminara há tempos, mas o "cerco" a Khe Sanh continuava. Os bombardeiros americanos lançaram um volume enorme de bombas na área em torno da base, inclusive bombas de perfuração de blindagem para penetrar nos túneis que o serviço de informações americano acreditava que o EVN cavava.

Mas o bombardeio de Khe Sanh se reduziu. Havia menos sinais de atividade inimiga perto da base. Além disso, a Ofensiva do Tet mostrou que Khe Sanh era absolutamente inútil para a segurança do Vietnã do Sul. Finalmente, quase todo mundo, menos Westmoreland, concluiu que Vo Nguyen Giap montara um dos maiores embustes militares desde o Cavalo de Troia.

Mas a "batalha iminente" recebera tanta publicidade que a base não podia ser meramente abandonada. Tinha de ser libertada. Essa tarefa coube à 1ª Divisão de Cavalaria Aerotransportada, que ia para a batalha em helicópteros em vez de cavalos.

Como explicou o correspondente Robert Pisor, "o comandante da 1ª Div Cav Aetrnp, general de divisão John J. Tolson, sabia que era uma farsa. Lera os relatórios informativos e não esperava encontrar nenhum norte-vietnamita em Khe Sanh"[3].

E não encontrou. Achou poucas armas e poucos sinais de que uma grande tropa tivesse passado pela área. Os aviões americanos tinham lançado 90 toneladas de bombas no pequeno planalto que fora ocupado pelo EVN. Isso é mais do que foi lançado em toda a Europa em 1942 e 1943. O único resultado foi muita terra revirada. As bombas "destruidoras de túneis" não destruíram nenhum túnel, porque não havia túneis. Havia trincheiras, mas em terra elas não se pareciam com o que fora visto do ar. Douglas Robinson, do *New York Times*, as descreveu: "Algumas trincheiras em ziguezague chegavam a poucos metros do arame farpado, na beira dos cerca de trinta metros minados da terra de ninguém que separava os fuzileiros dos atacantes. No entanto, tinham apenas 35 a 50 cm de profundidade e largura apenas suficiente para um homem de cada vez se esgueirar até as posições dos fuzileiros"[4].

Westmoreland afirmou que Khe Sanh foi uma grande vitória dos Estados Unidos. "Tivemos 200 mortos em Khe Sanh e cerca de 800 feridos e evacuados", disse ele. "Pela minha contagem, o inimigo teve pelo menos 15.000 mortos nessa área."[5]

A contagem de Westmoreland dependia de uma nova maneira de calcular as baixas inimigas. A tradicional contagem de cadáveres não serviria porque, quando Khe Sanh foi salva, havia poucos cadáveres a contar. Assim, "Westy" se baseou nos computadores do seu Escritório de Análise de Sistemas. A história oficial da Força Aérea sobre as operações em Khe Sanh explicou: "O Escritório de Análise de Sistemas do general Westmoreland preparou quatro modelos matemáticos com os quais os técnicos concluíram que o número total de inimigos mortos e feridos ficou entre 49 e 65% da força com que começaram o sítio — entre 9.800 e 13.000 homens. A estimativa geralmente citada de 10.000 é metade do número de soldados norte-vietnamitas que, segundo se acredita, foram mobilizados no início da operação"[6].

Isso exige dois pressupostos improváveis: (1) que no começo havia 20.000 soldados inimigos em torno de Khe Sanh, e (2) que estavam lá depois que começou a Ofensiva do Tet. O primeiro é possível. O segundo é extremamente improvável, ainda mais porque algumas unidades do EVN que estiveram na vizinhança de Khe Sanh no início da operação foram identificadas participando da Ofensiva do Tet na região meridional do Vietnã do Sul.

O que parece certo é que, durante a maior parte do tempo em que ficou "sob sítio", Khe Sanh estava cercada de fantasmas.

NOTAS

Capítulo 1
1. Parker, *Cambridge Illustrated History*, p. 2.
2. *Ibid.*, p. 5.
3. *Ibid.*
4. Rodgers, *Greek and Roman*, p. 15-16.
5. Weir, *50 Military Leaders*, p. 27-28.
6. Parker, p. 5.
7. Parker, p. 9.
8. Parker, p. 3.

Capítulo 2
1. Ver Chadwick, *Mycenaean World*, p. 164-72.
2. Snodgrass, *Arms and Armor*, p. 17.
3. Pope, Saxton T., *Bows and Arrows*, p. 56.

Capítulo 3
1. Alguns escritores dizem que os hunos brancos eram uma raça caucasiana. Isso é uma bobagem tão grande quanto defender que os turcos azuis eram marcianos (azul é a cor do Leste). O uso de cores para indicar direções se originou com os chineses, que também usavam preto para o Norte, vermelho para o Sul e amarelo ou dourado para o centro. Esse simbolismo foi adotado pelos nômades da Ásia Central, e daí vêm a Horda Dourada, reino central do império mongol, e os mares Vermelho e Negro, respectivamente ao sul e ao norte da Turquia. Durante séculos houve muitos nômades cauca-

sianos na Ásia Central, como os citas e os alanos, mas os hunos não estavam entre eles.
2. Assim, possivelmente o outro regente era Alateu. Ver Dawson, *Making of Europe,* p. 89.
3. Burns, "Battle of Adrianople", p. 336-45.

Capítulo 4
1. Tarassuk e Blair, *Complete Encyclopedia,* p. 42-45.
2. Keegan, *Illustrated Face,* p. 69-93.

Capítulo 5
1. Tarassuk e Blair, p. 96.
2. Pope, Saxton T., *Bows and Arrows,* p. 32-33. "Toxophilus" era o pseudônimo de Roger Ascham, que escreveu sobre o tiro com arco no século XVI. "Ishi" era um amigo do Dr. Pope, último membro sobrevivente da tribo yana da Califórnia. Ele ensinou a Pope o estilo yana de tiro com arco e fez flechas leves.
3. Pope, Saxton T., *Bows and Arrows,* p. 8-29.
4. *Ibid.,* p. 27-28.
5. Payne-Gallwey, *Crossbow,* p. 21.
6. Costuma-se dizer que a cadência de fogo da besta é de um tiro por minuto. Mas essa era a cadência das bestas posteriores, muito mais poderosas, curvadas com a ajuda de alavancas e roldanas. As bestas de Crécy eram curvadas assim: o besteiro curvava o corpo, punha a corda em um gancho preso ao cinto e se levantava.
7. Payne-Gallwey, *Crossbow,* p. 27.
8. *Ibid.,* p. 15.

Capítulo 6
1. Pope, Dudley, *Guns,* p. 32.
2. McNeill, *Pursuit of Power,* p. 61, 81, 87.

3. Pope, Dudley, *Guns*, p. 38.

Capítulo 7
1. Peterson, *Arms and Armor*, p. 307.
2. *Ibid.*, p. 309.
3. Marks, *And Die in the West*, p. 359. Também Cunningham, Eugene, *Triggernometry*, Caldwell, Idaho, Caxton Printers, p. 123.

Capítulo 8
1. Davis, *Great Battles*, p. 20.
2. Perrin, *Giving up the Gun*, p. 25.
3. Korean Spirit and Culture, *Admiral Yi Sun-sin*, p. 34-38.
4. *Ibid.*, p. 60.
5. Conlon, *Weapons and Fighting*, p. 192.
6. Ballard, George Alexander, *The Influence of the Sea on the Political History of Japan*, p. 57. Citado em Korean Spirit and Culture, *Admiral Yi Sun-sin*, p. 23.

Capítulo 9
1. Há alguma justificativa para essa sensação. O general Thomas Gage passou a maior parte da vida na região que viria a se tornar os Estados Unidos, e esperava passar a reforma em uma propriedade em Nova York ou Nova Jersey. Sua esposa era americana. Benjamin Franklin era tão homenageado na Inglaterra quanto nas colônias e membro destacado da alta sociedade de Londres. Havia um forte movimento *tory* entre os pequenos agricultores do Sul, mas, como veremos, isso nada tinha a ver com lealdade à Coroa.

Capítulo 10
1. Held, "Kentucky Rifle", p. 358.
2. Peterson, *Arms and Armor*, p. 204.

3. *Ibid.*, p. 163.
4. *Ibid.*, p. 198.
5. Hatcher, *Textbook of Pistols*, p. 148.
6. Held, "Kentucky Rifle", p. 357.
7. *Ibid.*
8. Peterson, *Arms and Armor*, p. 200.
9. Peterson, *Book of the Continental Soldier*, p. 26.

Capítulo 11
1. Peterson, *Arms and Armor*, p. 200.
2. Ketchum, *Saratoga*, p. 126.

Capítulo 13
1. Montgomery, "If Ponies Rode Men", hup://americanrevolution.org/upside.html.

Capítulo 14
1. Pratt, *Ordeal*, p.183.
2. Morison, *Oxford History*, p. 615.
3. Efetivo dos exércitos da União e Confederado, www.civilwarhome.com/armysize htm.
4. Eggenberger, *Encyclopedia of Battles*, p. 19.
5. *Ibid.*, p. 171.
6. Em inglês, "Get there first with the most", e não "fustest with the mostest", como diz a lenda. Forrest era um personagem bastante rude, mas não era burro nem pouco instruído.
7. Pratt, *Ordeal*, p. 250.
8. Downey, *Storming of the Gateway*, p. 224.
9. Pratt, *Ordeal*, p. 283.

Capítulo 15
1. Toland, *Ships in the Sky*, p. 13.
2. *Ibid.*, p. 14.
3. *Ibid.*, p. 15

4. *Ibid.*, p. 16.
5. *Ibid.*, p. 17
6. *Ibid.*
7. *Ibid.*
8. Toland, *Ships in the Sky*, p. 18.
9. *Ibid.*
10. Toland, *Ships in the Sky*, p. 19.

Capítulo 16
1. Connell, *Son of the Morning Star*, p. 257-8.

Capítulo 17
1. Crow, *Epic of Latin America*, p. 607. Os dados populacionais desse período são confusos. São extrapolados com base em um recensamento inexato feito uma geração antes. Mas a tremenda perda de vidas foi bastante óbvia.
2. "War of the Triple Alliance", http://countrystudies.us/paraguay/11.htm.
3. "Wars of the World", www.onwar.com/aced/data/tango/triple1864.htm. Como já mencionado, esses números são apenas aproximações.
4. Crow, *Epic*, p. 607.

Capítulo 18
1. O'Toole, *Spanish War*, p. 386.
2. *Moro* significa "mouro" em espanhol. No século XVI, quando os espanhóis encontraram os moros, os únicos muçulmanos que conheciam eram os mouros.
3. Bain, *Sitting in Darkness*, p.77.
4. *Ibid.*, p. 184-85. Também O'Toole, *Spanish War*, p. 388.
5. Bain, *Sitting in Darkness*, p. 185.
6. Os revólveres de ação simples, como os dos caubóis do cinema, atiram quando se puxa o cão para trás e se aperta o gatilho. Os revólveres de ação dupla podem ser disparados com

um aperto maior no gatilho, embora a maioria deles também possa atirar da mesma maneira que os de ação simples.
7. "Battle of Bud Bagsak", Wikipedia.

Capítulo 19
1. Coe *et al.*, *Swords*, p. 82.
2. Reid, *Weapons*, p. 230.
3. *Ibid.*
4. Coe *et al.* p.124. Também Chivers, *The Gun*, p. 124.
5. Chivers, *The Gun*, p. 110.

Capítulo 20
1. Liddell Hart, *History*, p. 19.
2. Halle, *Tanks*, p. 128.
3. Keegan, John, *Second World War*, p. 59-60.
4. Morris *et al.*, *Weapons*, p. 141-42.
5. Horne, *To Lose a Battle*, p. 182.
6. Taylor, *Second World War*, p. 49.

Capitulo 22
1. Fuller, *Reader's Companion*, citado em Weir, *50 Military Leaders*, p. 196.
2. Weir, *50 Military Leaders*, p. 197.
3. Liddell Hart, *History*, p. 595.
4. Taylor, *Second World War*, p. 179.
5. Liddell Hart, *History*, p. 612.

Capítulo 23
1. Taylor, *Second World War*, p. 168.
2. Keegan e Wheatcroft, *Who's Who*, p. 201.
3. *Ibid.*
4. Bain, *Sitting in Darkness*, p. 210.
5. Manchester, *American Caesar*, p. 43.

6. *Ibid.*, p. 52.
7. Mason, *Great Pursuit*, p. 43.
8. Revelação total: um dos marinheiros daquela força de ocupação era meu pai, Luke S. Weir. Aliás, as armas chegaram a Huerta por outro porto.
9. Keith, *Sixguns*.
10. James, D. Clayton. *The Years of MacArthur*, vol. I, *1880-1941*. Boston, Houghton Mifflin, 1970, p. 125.
11. Também receberam fuzis M-1917, que já foram descritos como "obsoletos" e "decrépitos". Não eram nada disso. Muita gente, inclusive o Gen. Bda. Julian Hatcher, do Departamento de Material Bélico do exército dos Estados Unidos, considerava o M-1917 um fuzil melhor do que a amado Springfield M-1903, que muitos soldados americanos usaram até 1943. O M-1917, apelidado de Enfield por ter sido desenvolvido naquele arsenal da Inglaterra, era pelo menos tão bom quanto os fuzis nas mãos dos soldados do resto do mundo durante a Segunda Guerra Mundial.
12. "MacArthur deserts 'The Battling Bastards of Bataan'" [MacArthur abandona "Os canalhas combatentes de Bataan"].
13. Os pais de Kim eram refugiados do domínio japonês que moravam na União Soviética.
14. Alexander, *Korea*, p. 148.
15. Ridgway, *Korean War*, p. 42.
16. Alexander, *Korea*, p. 368.
17. *Ibid.*, p. 372.
18. *Ibid.*, p. 384.
19. *Ibid.*, p. 405-06.
20. *Ibid.*, p. 406-07.

Capítulo 24
1. Astor, *Right to Fight*, p. 320.
2. *Ibid.*

3. Astor, *Right to Fight*, p. 321.
4. *Ibid.*, p. 316.

Capítulo 25
1. Weir, "Public Information", p.210. Também Blair, *Forgotten War*, p. 975.

Capítulo 26
1. Blair, *Forgotten War*, p. 522-23. Também Alexander, *Korea*, p. 371.
2. Blair, *Forgotten War*, p. 523.
3. *Ibid.*, p. 971.

Capítulo 27
1. Quarles, *Negro*, p. 15.
2. Astor, *Right to Fight*, p. 19.
3. *Ibid.*, p. 46.

Capítulo 28
1. Fuller, *Reader's Companion*.
2. *Ibid.*

Capítulo 29
1. Herr, *Dispatches*, p. 107.
2. *Time*, 1º de março de 1968.
3. Pisor, *End of the Line*, p. 218.
4. *New York Times*, 10 de abril de 1968.
5. *Time*, 12 de abril de 1968, p. 30.
6. Nalty, *Air Power*, p. 103.

Bibliografia

ALEXANDER, Bevin, *Korea: The First War We Lost*, Nova York, Hippocrene Books, 1998.

ASTOR, Gerald, *The Right to Fight*, Cambridge, Massachusetts, Da Capo Press, 2001.

BAIN, David Haward, *Sitting in Darkness: America in the Philippines*, Boston, Houghton Mifflin, 1984.

"Battle of Bud Bagsak", Wikipedia, *http://en.wikipilipinas.org/index.php?title=Battle—of Bud Bagsak* (acessado em junho de 2011).

BLAIR, Clay, *The Forgotten War: America in Korea, 1950-1953*, Nova York, Times Books, 1987.

BURNS, T. S., "The Battle of Adrianople: A Reconsideration", *Historia*, XXII.

CHADWICK, John, *The Mycenaean World*, Cambridge, Inglaterra, The Cambridge University Press, 1976.

CHIVERS, C. J., *The Gun*, Nova York, Simon & Schuster, 2010.

COE, Michael D., CONNOLLY, Peter, HARDING, Anthony, HARRIS, Victor, LaROCCA, Donald J., NORTH, Anthony, RICHARDSON, Thom, SPRING, Christopher e WILKINSON, Frederick, *Swords and Hilt Weapons*, Nova York, Barnes & Noble, 1993.

CONLON, Thomas D., *Weapons and Fighting Techniques of the Samurai Warrior*, Nova York, Metro Books, 2008.

CONNELL, Evan S., *Son of the Morning Star*. São Francisco, North Point Press, 1984.

CROW, John A., *The Epic of Latin America*, 4ª ed., Berkeley, Califórnia, University of California Press, 1952.

DAVIS, William C., org., *Great Battles of the Civil War*, Nova York, Beekman House (s/d).

DAWSON, Christopher, *The Making of Europe*, Nova York, Meridian Books, 1959.

DOWNEY, Fairfax, *Storming of the Gateway*, Nova York, David Mckay, 1960.

EGGENBERGER, David, *An Encyclopedia of Battles*, Nova York, Dover Publications, 1967.

FULLER, J. F. C., *The Reader's Companion to Military History, Gulf of Tonkin*. No site do "The Avalon Project", da Yale Law School, "The Tonkin Gulf Incident; 1964", *http://avalon.law.yale.edu/20th—century/tonkin-g.asp* (acessado em junho de 2011).

HALLE, Armin, *Tanks: An Illustrated History of Fighting Vehicles*. Greenwich, Connecticut, New York Graphic Society, 1971.

HATCHER, J. S.

HELD, Robert, "The Kentucky Rifle — Fact and Fiction", em *Gun Digest Treasury*, Chicago, Gun Digest Company, 1966.

HERR, Michael, *Dispatches*, Nova York, Knopf, 1977.

HORNE, Alistair, *To Lose a Battle: France 1940*, Boston, Little, Brown, 1969.

JAMES, D. Clayton, *The Years of MacArthur*, vol. I, *1880-1941*. Boston, Houghton Mifflin, 1970.

KEEGAN, John, *The Illustrated Face of Battle*, Nova York, Viking Penguin, 1989.

——, *The Second World War*, Nova York, Penguin, 1990.

KEEGAN, John e WHEATCROFT, Andrew, *Who's who in Military History*, Nova York, William Morrow, 1976.

KEITH, Elmer, *Sixguns by Keith, 1961 Revised Edition*, Livonia, Nova York, RR Books, 1961.

KETCHUM, Richard M., *Saratoga: Turning Point in America's Revolutionary War*, Londres, Pimlico, 1999.
Korean Spirit and Culture. *Admiral Yi Sun-sin: A Brief Overview of His Life and Achievement*, Seul (s/d).
LIDDELL HART, B. H., *History of the Second World War*, Nova York, Putnam's, 1971.
"MacArthur deserts 'The Battling Bastards of Bataan' and escapes to Australia". *www.pacificwar.org.au/Philippines/ Mac-escapes.html* (acessado em junho de 2011).
MANCHESTER, William, *American Caesar: Douglas MacArthur, 1880-1964*. Nova York, Dell, 1979.
MARKS, Paula Mitchell, *And Die in the West*, Nova York, Simon and Schuster, 1989.
MASON Jr., Herbert Molloy, *The Great Pursuit*, Nova York, Random House, 1970.
MAYOR, Adrienne, *Greek Fire, Poison Arrows and Scorpion Bombs*, Woodstock, Nova York, Overlook Duckworth, 2003.
McNEILL, William H., *The Pursuit of Power*, Chicago, University of Chicago Press, 1982.
MONTGOMERY, Dennis, "If Ponies Rode Men and Grass Ate the Cows", American Revolution.org., *http://americanrevolution. org/upside.html* (acessado em junho de 2011).
MORISON, Samuel Eliot, *The Oxford History of the American People*, Nova York, Oxford University Press, 1965.
MORRIS, Eric, JOHNSON, Curt, CHANT, Christopher e WILLMOTT, H. P., *Weapons and Warfare of the Twentieth Century*, Secaucus, Nova Jersey, Derbibooks, 1976.
NALTY, Bernard C., *Air Power and the Fight for Khe Sanh*, Washington, Office of Air Force History, U.S. Air Force, 1973.
O'TOOLE, G. J. A., *The Spanish War: An American Epic, 1898*, Nova York, W.W. Norton, 1984.

PARKER, Geoffrey, org., *The Cambridge Illustrated History of Warfare: The Triumph of the West*, Cambridge, Inglaterra, The Cambridge University Press, 1995.

PAYNE-GALLWEY, Ralph, *The Crossbow*, Londres, The Holland Press, 1986.

PERRIN, Noel, *Giving Up the Gun: Japan's Reversion to the Sword*. Boston, David Godine, 1979.

PETERSON, Harold L., *Arms and Armor in Colonial America, 1526-1783*, Nova York, Bramhall House, 1956.

——, *The Book of the Continental Soldier*. Pittsburgh: Stackpole, 1968.

PISOR, Robert, *The End of the Line: The Siege of Khe Sanh*, Nova York, Ballentine, 1985.

POPE, Dudley, *Guns*, Feltham, Middlesex, Inglaterra, Hamlyn House, 1970.

POPE, Saxton T., *Bows and Arrows*, Berkeley, Califórnia, University of California Press, 1962.

PRATT, Fletcher, *Ordeal by Fire*, Nova York, William Sloan Associates, 1948, e Nova York, Dover Publications, 1997.

QUARLES, Benjamin, *The Negro in the American Revolution*, Chapel Hill, Carolina do Norte, University of North Carolina Press, 1996.

REID, William, *Weapons Through the Ages*, Nova York, Crescent Books, 1986.

RIDGWAY, Matthew B., *The Korean War: How We Met the Challenge; How All-Out Asian War was Averted; Why MacArthur Was Dismissed; Why Today's War Objectives Must Be Limited*, Garden City, Nova York, Doubleday, 1967.

ROBINSON, Douglas, *New York Times*, 10 de abril de 1968.

RODGERS, William Ledyard, *Greek and Roman Naval Warfare*, Annapolis, Maryland, U.S. Naval Institute, 1964.

"Size of the Union and Confederate Armies", *www.civilwarhome.com/armysize.htm* (acessado em junho de 2011).

SNODGRASS, A. M., *Arms and Armor of the Greeks*, Ithaca, Nova York, Cornell University Press, 1967.

TARASSUK, Leonid e BLAIR, Claude, *The Complete Encyclopedia of Arms and Weapons*, Nova York, Bonanza Books, 1986.

TAYLOR, A. J. P., *The Second World War*, Nova York, Putnam's, 1975.

Time, 1º de março de 1968.

Time, 12 de abril de 1968.

TOLAND, John, *Ships in the Sky*, Nova York, Henry Holt, 1957.

"The War of the Triple Alliance", *http://countrystudies.us/paraguay /11.htm* (acessado em junho de 2011).

"War of the Triple Alliance 1864-1870", OnWar.com, *www.onwar.com/aced/data/tango/triple1864.htm* (acessado em junho de 2011).

WEIR, William, *50 Military Leaders Who Changed the World*, Franklin Lakes, Nova Jersey, Career Press, 2007.

———, "Public Information", *War, Literature and the Arts* 10, nº 1 (primavera-verão de 1998).

Índice Remissivo

A

Adrianópolis, 32
Aereon, 118-120
Aereon II, 121
alabardeiros, falange de, 60
alanos, lanceiros, 31-32
American Turtle, ver Tartaruga americana
Andrews, Dr. Solomon, 116
árabes, 51
Aral, mar de, 29
arco, 22
    inteiriço, 43
arcos de 2 m a 2,4 m, 44
arco longo como resposta à cavalaria, 35
arco longo inglês, 41-50, 79
arcos de madeira, galeses do norte, viquingues e, 45
arcos longos e "peso", 43
aríete, 34
armadura de chapas e peso, 37-39
armaduras hoje, 62
armaduras, soldados com, 62
armamento do marinheiro, 45
armas de fogo e seu efeito sobre armaduras, 57-62
armas de fogo substituem arcos e bestas, 44
armas nucleares, 165-172
arqueiros, 22
Art of Flying, The, 121
Arte de Ballestería y Montería, 83-84

B

B-17, 168
B-25s, 169
B-29, 170
balões ancorados, 115-122
Batalha de Maratona, 16
Bess, Brown, 60
bestas, 55
Blitzkrieg, 153
Bows and Arrows, 27
búlgaros, 51

C

canhões, 53
  peças de, 53
canhões de Constantinopla, 51-56
canhões de muralha, 54
Cáspio, mar, 29
catafractos, 33
catapultas, 55
cavalaria, ciclo da, 33
cavalos, 38
  e justas, 38
cercar o inimigo, 31
chave de mecha, 65
Chickamauga, Batalha de, 124
clavas e machadinhas, americanos nativos e, 125
clout shooting, ver *tiro ao pano*
cobertura, lutar sob, 87-96
constituição dos Estados Unidos, 73
Cowpens, 94
Creta, pontas de flecha em, 27
Cruzada, Quarta, 51
Cumberland, 63
Custer, última defesa de, 123-128

D

Dario, o Grande, 17-19
Doge de Veneza, 52
Drácula, 53
duelo de navios blindados, o primeiro, 63-71

E

Eagle, 99-100
Eisenhower, Dwight, 199-201
Empalador, Vlad, o, 53
Encyclopedia of Arms and Weapons, 42
Enterprise, 115
escudos como proteção, 33
Estados Unidos e carroças, 32
estilete, 37
estribos, 31
exército ateniense, 16
exército paraguaio, idade dos integrantes e por quê, 129-137

F

falange de alabardeiros, 60
falso combate, 31
Fidípides, 20
Filipinas e a pistola automática .45, 139-145
flechas
    arcos e, 27
    envenenadas, 25-28
flechas e velocidade, 43-45
forte de Constantinopla, 54
Franklin, Benjamin, 73
fuzil
    BAR, 161
    Browning automático, 161
    de assalto, 162
fuzil longo americano, 79-86

fuzis
    e ursos americanos, 82
    e a velocidade do projétil, 83

G
galeses do norte, viquingues e arcos de madeira, 45
Gatling, metralhadoras, 126-127
Gêngis Khan, 16, 31
gibão, 60
godos, 51
golfo de Tonkin, 209-213
gregos antigos, 25-28
Guerra da Coreia, 195-198
Guerra da Rainha Ana, 61
Guerra de Independência americana, 57
Guerra de Secessão americana, 61
guerra latino-americana, 129-137
Guerras Persas, 25
Guns, 52-58
    Gatling, 126-127
    muralha, 55

H
Henrique V, 37
Heródoto, 16
Hitler, a mente de, 159-164
hoplitas gregos, 26
Housatonic, 97
Hunley, 97
hunos, 51
    brancos, 29

I
Ilíada, A, 26
infantaria, cavalaria contra, 29-35

Insurretos, 140

J
jägers, 80
japoneses, samurais, 44
jarda de pano, 44
Jônia, Revolta, 18
justas, 38

K
Khan, Gêngis, 16, 31
Khe Sanh, 215-222
kobukson, 66-67, *ver também* navios-tartaruga

L
lançar minas, 97
lanceiros alanos, 32
legionários, 22
leis inglesas a respeito de propriedade e treino com arco, 45
Lynch, Elisa, 132

M
MacArthur, Douglas, 173-190
magiares, 51
malho de madeira, 79
manuscrito de Milemete, 57
Mar Cáspio, 29
Mar de Aral, 29
Maratona, Batalha de, 16
marcas de prova, 58
Marco Licínio Crasso, 20-23
marinheiro, arma do, 45
Martini-Henry, carabina britânica, 130
Mary Rose, 42

maschinen
   karabiner, 162
   pistol, 162
Mayor, Adrienne, 27
Merrimack, 63
Metropolitan Museum of Art, 38
Milemete, manuscrito de, 57
MKb42, 162
Monitor, 64
mosquetes, 39

N
Napoleão e submarinos, 97-98
nativos americanos e o fuzil, 79-80
navio-tartaruga, 66
navios blindados, primeira batalha de, 63-71

O
Odisseia, A, 26
ostrogodos, 29-32

P
parta, tiro, 22
pasta com bomba, 163
persas, 51
peso, armadura de chapas e peso, 37-39
Pope, Dr. Saxton T, 27, 42
prisioneiros de guerra, campos de, 68
projéteis e flechas, turcos e, 44
projétil, seta, 49
prova, marcas de, 58
Pursuit of Power, The, 52

R
retrocarga e fuzis, 85
Revolta Jônia, 18
Robin Hood, 41
russos, 51

S
samurai, japoneses, 44
seta, 49
Snodgrass, A. M., 27
soldado com armadura, 58
soldados confederados e da União, 107-114
soldados e minorias, 203-208
Son of the Morning Star, 126
soquete, 79
Springfield Armory, 124
submarinos, 97-101
superioridade militar ocidental, mito da, 15-24
Surena, 21-23

T
T'ien Shan, montanhas de, 29
tanques alemães, 153-158
Tartaruga americana, 98, 99-100
tartaruga, navios, 66
Telegraph, The, 100
tiro ao pano, 46
tiro com arco, prática, 45
tiro em ângulo alto a longa distância, 46
tiro mergulhante, 46
Tonkin, golfo de, 209-213
torpedos, 97
toxicon, 25
Truman, Harry, 191-194

túneis, turcos e, 55
turcos e projéteis e flechas, 45

U
ursos, fuzis e, 82

V
velocidade, flechas e, 44-45
Vietnã, soldados no, 203-208
Vinte mil léguas submarinas, 98
viquingues, 51
viquingues, galeses do norte e arcos de madeira, 45
Virginia, 63-67
Vlad, o Empalador, 53

W
Washington, George, 73
White Cockade, 75

Sobre o autor

William Weir foi repórter de jornal, policial do exército, correspondente de combate do exército na Guerra da Coreia, relações-públicas especializado de uma grande empresa telefônica e escritor autônomo sobre crimes e temas militares. Escreveu cerca de 50 reportagens para publicações que variam do *New York Times* à revista *Connecticut Magazine*. Já publicou outros doze livros:

Written With Lead: Legendary American Gunfights and Gunfighters (1992)
Fatal Victories (1993)
In the Shadow of the Dope Fiend: America's War on Drugs (1995)
A Well Regulated Militia: The Battle Over Gun Control (1997)
Soldiers in the Shadows: Unknown Warriors Who Changed the Course of History (2002)
The Encyclopedia of African American Military History (2004)
50 Weapons That Changed Warfare (2005)
Turning Points in Military History (2005)
Guerrilla Warfare (2008)
History's Greatest Lies (2009)
Border Patrol (2010)
50 Batalhas que Mudaram o Mundo (2006)
50 Líderes Militares que Mudaram a História da Humanidade (2009)

Três desses livros foram reeditados em brochura (*Fatal Victories*, duas vezes) e três com capa dura. *50 Battles* foi publicado em português, tcheco, polonês, coreano e chinês. *50 Weapons* também foi publicado em tcheco, e *Turning Points* será publicado em polonês; juntamente com *Fatal Victories*, também será vendido pelo Clube do Livro Militar.

Weir e a esposa Anne moram em Connecticut e se orgulham das realizações dos três filhos adultos.